초판 1쇄 • 2018년 6월 12일　초판 4쇄 • 2021년 10월 10일　개정판 1쇄 • 2024년 5월 2일　개정판 2쇄 • 2025년 11월 1일
지은이 • 윤주복　그린이 • 김명곤　발행인 • 허진　발행처 • 진선출판사(주)
편집 • 김경미, 최윤선, 최지혜　디자인 • 고은정　총무 / 마케팅 • 유재수, 나미영, 허인화
주소 • 서울시 종로구 삼일대로 457 (경운동 88번지) 수운회관 15층
　　　전화 (02)720-5990　팩스 (02)739-2129　홈페이지 www.jinsun.co.kr
등록 • 1975년 9월 3일 10-92　※책값은 뒤표지에 있습니다.
ISBN 979-11-93003-48-0 74080　ISBN 978-89-7221-654-4 (세트)
ⓒ 윤주복, 2018　편집 ⓒ 진선출판사, 2018, 2024

지은이 윤주복 선생님은

식물생태연구가이며, 자연이 주는 매력에 빠져 전국을 누비며 꽃과 나무가 살아가는 모습을 사진에 담고 있습니다.
지은 책으로는 《봄·여름·가을·겨울 식물도감》, 《어린이 식물 비교 도감》, 《식물 학습 도감》, 《재밌는 식물 이야기》, 《나라꽃 무궁화 이야기》, 《쉬운 식물책》, 《꽃 책》, 《나무 책》, 《나무 해설 도감》, 《우리나라 나무 도감》, 《나뭇잎 도감》, 《나무 쉽게 찾기》, 《겨울나무 쉽게 찾기》, 《열대나무 쉽게 찾기》, 《야생화 쉽게 찾기》, 《화초 쉽게 찾기》 등이 있습니다.

진선아이는 진선출판사의 어린이책 브랜드입니다. 마음과 생각을 키워 주는 책으로 어린이들의 건강한 성장을 돕겠습니다.

봄·여름·가을·겨울
나무도감

윤주복 지음

차례

나무 알아보기 · 4

1. 공원에서 만나는 나무

은행나무 · 8
구상나무 · 12
측백나무 · 14
자작나무 · 16
느티나무 · 18
계수나무 · 20
모란 · 22
튤립나무 · 24
백목련 · 26
히어리 · 28
양버즘나무 · 30
황매화 · 32
왕벚나무 · 34
박태기나무 · 36
회양목 · 38
호랑가시나무 · 40
사철나무 · 42
단풍나무 · 44
칠엽수 · 46
동백나무 · 48
배롱나무 · 50
산딸나무 · 52
개나리 · 54
미선나무 · 56

2. 생활에 요긴하게 쓰이는 나무

밤나무 · 58
산뽕나무 · 60
매실나무 · 62
복숭아나무 · 64
아까시나무 · 66
탱자나무 · 68
삼지닥나무 · 70
석류나무 · 72
산수유 · 74
감나무 · 76
오동나무 · 78

3. 산과 들에서 자라는 나무

일본잎갈나무 · 80
소나무 · 82
갯버들 · 86
개암나무 · 88
신갈나무 · 90
느릅나무 · 94
등칡 · 96
으름덩굴 · 98
함박꽃나무 · 100
생강나무 · 102
산딸기 · 104
찔레꽃 · 106
해당화 · 108

싸리 · 110
칡 · 112
족제비싸리 · 114
사람주나무 · 116
진달래 · 118
쪽동백나무 · 122
병꽃나무 · 124
청미래덩굴 · 126

찾아보기 · 128

머리말

뉴턴이 만유인력의 법칙을 발견한 '뉴턴의 사과나무'예요.

《봄·여름·가을·겨울 나무도감》은 주변에서 만날 수 있는 대표적인 나무 56종의 사계절 모습을 관찰한 책이에요. 봄, 여름, 가을, 겨울 계절별로 기본적인 변화 모습을 관찰 사진으로 자세히 기록했어요.

이 책을 들고 야외로 나가서 나무를 관찰해 보세요. 몇 번만 나가도 이 책에 실려 있는 것보다 훨씬 많은 나무를 만나고 새로운 모습을 발견할 수 있을 거예요. 영국의 뉴턴은 사과나무에서 사과 열매가 떨어지는 것을 보고 세상의 모든 물체는 서로 끌어당기는 힘이 일정한 법칙으로 작용한다는 '만유인력의 법칙'을 발견해서 위대한 과학자가 되었어요. 여러분도 봄, 여름, 가을, 겨울 나무가 변해 가는 모습을 꼼꼼히 관찰하고 기록하면서 나무박사가 되어 보세요.

이 책의 활용법

1. 초등학교에서 식물 관련 교과를 공부할 때 이 책을 참고하면 도움이 돼요.

> **관련 교과**
> 1-1 봄 〈2. 도란도란 봄 동산〉 / 2-2 가을 〈2. 가을아 어디 있니〉 / 2-2 겨울 〈2. 겨울 탐정대의 친구 찾기〉 / 4-1 과학 〈3. 식물의 한살이〉 / 4-2 과학 〈1. 식물의 생활〉 / 6-1 과학 〈4. 식물의 구조와 기능〉

2. 앞부분에는 나무를 관찰하는 데 꼭 필요한 기본적인 지식을 정리한 '나무 알아보기'를 실어서 관찰에 도움이 되도록 했어요.

3. 본문은 '공원에서 만나는 나무', '생활에 요긴하게 쓰이는 나무', '산과 들에서 자라는 나무'의 세 주제로 구분해서 나무를 소개했어요.

4. 본문 사진은 관찰한 날짜 순서로 정리했으며 계절을 쉽게 확인할 수 있도록 날짜는 계절별로 색깔을 구분해 표시했어요.

봄 3월~5월　**여름** 6월~8월　**가을** 9월~11월　**겨울** 12월~2월

나무 알아보기

나무는 단단한 줄기를 가지고 여러 해 동안 살 수 있는 식물이에요.
나무는 크기와 생김새, 살아가는 방법에 따라 여러 가지로 나눌 수 있어요.

바늘잎나무와 넓은잎나무

바늘잎나무(소나무)

바늘잎나무(측백나무)

넓은잎나무(신갈나무)

바늘잎나무는 바늘처럼 길고 뾰족한 잎을 가진 나무예요.

바늘잎나무 중에는 비늘처럼 생긴 잎이 포개진 비늘잎을 가진 나무도 있어요.

넓은잎나무는 편평하고 넓은 잎이 달리는 나무로 바늘잎나무보다 종류가 훨씬 많아요.

키나무, 떨기나무, 덩굴나무

큰키나무(들메나무)

작은키나무(동백나무)

떨기나무(팥꽃나무)

덩굴나무(칡)

나무 중에서 아파트 2층 이상 높이로 자라는 나무를 '키나무'라고 해요. 키나무 중에서 아파트 2~4층 높이로 자라면 '작은키나무', 5층 이상으로 높게 자라면 '큰키나무'로 나누기도 해요.

나무 중에 아파트 2층 이하로 낮게 자라는 나무를 '떨기나무'라고 해요.

나무 중에서 줄기가 곧게 서지 못하고 다른 물체를 감고 자라면 '덩굴나무'라고 해요.

갈잎나무와 늘푸른나무

갈잎나무(단풍나무)

늘푸른나무(동백나무)

늘푸른나무(소나무)

봄에 돋은 잎이 가을이 되면 단풍이 들고 낙엽이 지는 나무를 '갈잎나무'라고 해요.

계절에 관계없이 1년 내내 잎이 푸른 나무를 '늘푸른나무'라고 해요.

소나무와 같은 바늘잎나무는 대부분이 1년 내내 잎이 푸른 '늘푸른나무'예요.

나무를 관찰하려면 나무에 대한 기본적인 지식을 먼저 알아야겠지요. 함께 익혀 보도록 해요!

잎

나무는 종류에 따라서 잎의 생김새가 여러 가지예요. 대부분의 잎은 넓적한 '잎몸'과 잎몸과 가지를 연결해 주는 '잎자루'로 나뉘어요. 잎몸에는 실핏줄처럼 뻗는 잎맥이 보이는 잎도 있어요. 잎 가장자리에 톱니가 있는 잎도 있고 밋밋한 잎도 있지요. 간혹 잎자루 밑부분에 턱잎이 붙는 잎도 있어요. 가지나 줄기에 붙는 잎은 햇빛을 받아서 나무가 자라거나 살아가는 데 필요한 양분을 만드는 역할을 해요.

잎의 구조(국수나무)

홑잎

잎자루에 붙는 잎몸이 1장인 잎을 '홑잎'이라고 해요.

홑잎 중에서 잎몸의 가장자리가 깊게 갈라지는 잎을 '갈래잎'이라고 해요.

 개나리
 왕벚나무
 산딸기 / 단풍나무

겹잎

1개의 긴 잎자루에 여러 장의 작은잎이 달리는 잎을 '겹잎'이라고 해요. 겹잎은 잎자루에 붙는 작은잎의 개수와 붙는 방법에 따라 세겹잎, 손꼴겹잎, 깃꼴겹잎 등으로 나누어요.

세겹잎(탱자나무)

잎자루 끝에 3장의 작은잎이 모여 달려요.

손꼴겹잎(칠엽수)

잎자루 끝에 5장 이상의 작은잎이 손바닥처럼 모여 달려요.

깃꼴겹잎(해당화)

긴 잎자루에 여러 장의 작은잎이 새의 깃털처럼 마주 달려요.

잎차례

잎이 가지에 붙는 모양을 '잎차례'라고 해요. 잎이 가지의 마디마다 1장씩 붙는 잎차례는 '어긋나기', 마디마다 2장씩 붙는 잎차례는 '마주나기', 마디마다 3장 이상의 잎이 붙는 잎차례는 '돌려나기'라고 해요. 마디 사이가 아주 짧아서 마치 여러 장의 잎이 한 군데에서 나온 것처럼 보이는 잎차례는 '모여나기'라고 해요.

어긋나기(은행나무)

마주나기(회양목)

돌려나기(협죽도)

모여나기(철쭉)

꽃

꽃은 보통 꽃잎, 꽃받침, 암술, 수술의 4가지로 이루어져 있어요. 꽃잎은 아름다운 색깔로 곤충을 불러들이는 역할을 하고, 가운데에 있는 암술과 수술을 보호하는 역할도 해요. 꽃받침은 보통 녹색으로 꽃을 받치고 있으며, 꽃봉오리 때 꽃잎, 암술, 수술을 감싸서 보호해 줘요. 암술은 밑부분에 있는 씨방이 자라서 열매를 맺는 역할을 하고, 수술은 꽃가루를 암술에 묻혀서 열매를 맺도록 도와줘요.

꽃의 구조(탱자나무)

암수한그루와 암수딴그루

꽃 중에는 암술만 가진 꽃이 있는데 이를 '암꽃'이라고 하고, 수술만 가진 꽃은 '수꽃'이라고 해요. 하나의 나무에 암꽃과 수꽃이 따로 피는 것을 '암수한그루'라고 해요. 또 암꽃과 수꽃이 서로 다른 나무에 피는 것을 '암수딴그루'라고 해요.

암수한그루(자작나무)

암수딴그루(갯버들 수꽃)

암수딴그루(갯버들 암꽃)

열매 암술 밑부분의 씨방이 크게 자란 것이 '열매'이고, 열매 속에는 '씨앗'이 들어 있어요.

솔방울열매(소나무)

대부분의 바늘잎나무가 맺는 열매는 비늘조각으로 덮여 있으며 '솔방울열매'라고 해요.

마른열매(참오동)

열매가 익으면 말라서 물기가 적어지는 열매를 '마른열매'라고 해요.

물열매(감나무)

열매살에 물기가 많아서 동물이 먹고 씨앗을 퍼뜨리는 열매를 '물열매'라고 해요.

씨앗 열매 속에서 만들어진 씨앗은 땅에 떨어지면 싹이 터서 새로운 나무로 자라요.

소나무 씨앗 (날개, 씨앗)

쪽동백나무 씨앗

땅에 떨어진 쪽동백나무 씨앗에서 새싹이 자랐어요.

나무가 무엇인지 어떻게 생겼는지 이해가 되었나요? 나무를 관찰할 준비가 다 되었으면 우리 모두 나무 여행을 떠나 볼까요?

겨울눈과 나무껍질

생강나무 잎눈 (겨울눈(잎눈), 잎자국) / 생강나무 꽃눈 (겨울눈(꽃눈))

갈잎나무가 봄에 잎이나 꽃을 피우기 위해 가지나 줄기에 만든 작은 눈을 '겨울눈'이라고 해요. 겨울눈 속에 어린 잎이 숨어 있으면 '잎눈', 어린 꽃이 숨어 있으면 '꽃눈'이라고 해요.

생강나무 새순

봄이 오면 겨울눈이 벌어지면서 나오는 어린 잎이나 꽃봉오리를 '새순'이라고 해요.

양버즘나무

'나무껍질'은 우리가 입는 옷처럼 줄기를 감싸서 보호하는 역할을 해요.

식물의 한살이 공원에서 만나는 나무

은행나무

은행나무는 길가의 가로수나 공원수로 자라는 모습을 흔히 볼 수 있어요.
줄기는 곧게 서서 아파트 20층 정도 높이로 크게 자라요.

겨울눈

1월 2일
가을에 낙엽이 진 가지에 동그스름한 겨울눈을 달고 겨울을 나요.

4월 15일
봄이 오면 겨울눈이 벌어지면서 새순이 돋기 시작해요. 갓 돋은 새순은 투명한 막으로 싸서 보호해 줘요.

아직은 어리고 연한 잎이에요.

새로 돋은 잎

4월 20일
투명한 막이 벗겨지면서 새순이 벌어지고 여러 장의 잎이 나와요.

은행나무 암꽃 관찰

암꽃봉오리

4월 30일
암나무 가지의 새순에는 잎과 함께 암꽃봉오리도 모여 나와요.

5월 2일
2개의 동그스름한 암꽃은 크기가 작고 녹색이라서 눈에 잘 띄지 않아요.

어린 수꽃봉오리는 위를 향해요.

수꽃봉오리

4월 24일
수나무 가지의 새순에는 잎과 함께 타원 모양의 수꽃봉오리도 함께 나와요.

5월 2일
잎과 함께 자란 수꽃봉오리는 이삭 모양으로 점차 밑으로 늘어져요.

남자와 여자가 다른 것처럼 은행나무는 암꽃이 피는 암나무와 수꽃이 피는 수나무가 서로 달라요.

5월 4일
수꽃봉오리가 차례대로 터지면서 연노란색 꽃가루가 나와 바람에 날리며 퍼져 나가요.

6월 19일
암꽃은 바람에 날려 온 수꽃의 꽃가루를 만나면 동그란 열매가 열려요.

은행나무 어린 열매 관찰
6월 19일

2개의 암꽃이 모두 열매를 맺었어요.

암꽃은 1개만 열매를 맺는 것이 많아요.

보통 1개의 암꽃은 열매로 잘 자라고 나머지 1개는 잘 자라지 못해요.

어린 씨앗

열매를 잘라 보니 속에 1개의 동그스름한 씨앗이 만들어지고 있어요.

6월 25일
짧은 가지 끝에는 여러 장의 잎이 모여 달려요. 부채 모양의 잎몸은 둘로 갈라지는 것이 많아요.

6월 4일
새로 자라는 긴 가지에는 잎이 서로 어긋나요.

잎 앞면에 비해 색깔이 연한 뒷면을 자세히 살펴보면 가느다란 잎맥이 각각 둘로 갈라지는 것을 볼 수 있어요.

9월 10일
동그란 열매는 '은행'이라고 하며 자라면서 자루가 밑으로 늘어져요.

9월 27일
동그란 열매는 가을이 되면 살구처럼 노란색으로 익기 시작해요.

10월 17일
부채 모양의 잎은 가을에 노란색으로 단풍이 들어요.

10월 23일
가을이 깊어지면 단풍이 든 나무는 점차 잎을 떨구고 겨울을 날 준비를 해요.

10월 23일
열매가 떨어지기 시작했어요. 익은 열매에서는 고약한 냄새가 나기 때문에 사람들은 코를 막고 피해요.

은행나무는 열매의 고약한 냄새 때문에 동물이나 새가 잘 먹지 못해요.

11월 6일
낙엽이 져도 가지에 계속 매달려 있는 열매가 있어요.

11월 17일
열매는 점차 우글쭈글해지면 고약한 냄새가 나기 시작해요.

은행나무 씨앗 관찰

11월 18일

열매 속에 들어 있는 달걀 모양의 씨앗은 은갈색이고 단단해요.

단단한 씨앗껍질을 깨면 갈색 속씨가 들어 있어요.

갈색 속씨는 구워 먹기도 하고 음식에도 넣어 먹어요.

갈색 속씨껍질을 벗기면 속살은 연노란색이에요.

11월 19일
땅에 떨어진 단풍잎은 점차 누런색으로 변해요.

> 땅에 떨어진 마른 잎을 '낙엽'이라고 해요.

은행나무 껍질 관찰

나무껍질은 회색이며 불규칙하게 갈라지면서 골이 생겨요.

12월 20일
은행나무는 갈잎나무로 잎을 모두 떨군 채 추운 겨울을 나요.

살펴보아요!

'살아 있는 화석'으로 불리는 은행나무

은행나무는 2억 5천만 년 전에 만들어진 땅속의 지층에서 화석으로 발견되기 때문에 '살아 있는 화석'으로 불리는 지구상에서 가장 오래된 나무예요. 암꽃이 피는 암나무와 수꽃이 피는 수나무가 서로 다른 암수딴그루랍니다. '은행'은 '은빛 살구'란 뜻의 한자 이름으로, 살구를 닮은 열매가 은빛이 나서 붙여진 이름이에요. 은행나무 잎은 벌레가 끼지 않고 자동차 매연에도 잘 견디기 때문에 도시의 가로수나 공원수로 많이 심고 있어요.

은행나무는?

> 지구상에서 가장 오래된 나무예요.

분류 | 은행나무과
자라는 모양 | 갈잎큰키나무
높이 | 40~60m
꽃 피는 시기 | 4~5월
열매가 익는 시기 | 10~11월
자라는 곳 | 길가나 공원
쓰임새 | 열매는 구워서 먹거나 기침을 멈추는 약으로 쓰고, 잎은 피를 맑게 하는 약으로 씀. 가로수나 공원수로 심음.

식물의 한살이 공원에서 만나는 나무

구상나무

구상나무는 한라산, 지리산, 덕유산의 높은 지대에서 자라며 공원수로도 많이 심어요. 줄기는 곧게 서서 아파트 6층 정도 높이로 자라요.

2월 18일
푸른 바늘잎을 단 채로 겨울을 나요. 가지 끝에 겨울눈이 있어요.

4월 15일
봄이 오면 겨울눈이 벌어지면서 새가지가 자라기 시작해요.

4월 20일
새가지가 자라면서 연두색 바늘잎이 사방으로 퍼져요.

5월 8일
잎 사이에서 수꽃봉오리가 부풀어 오르기 시작해요.

5월 10일
수꽃송이가 활짝 피면 노란색 꽃가루가 나와서 바람에 날려 퍼져요.

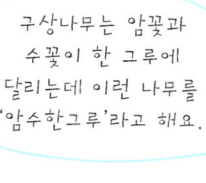

구상나무는 암꽃과 수꽃이 한 그루에 달리는데 이런 나무를 '암수한그루'라고 해요.

5월 10일
다른 가지의 잎 사이에서 암꽃송이가 위를 향해 곧게 자라요.

여러 가지 암꽃송이 관찰

5월 10일

구상나무의 암꽃송이는 나무마다 색깔이 조금씩 달라요. 암꽃송이가 녹색인 '푸른구상'이에요.

암꽃송이가 붉은 '붉은구상'이에요.

암꽃송이가 검은 '검은구상'이에요.

6월 15일
암꽃송이는 솔방울열매로 자라기 시작해요. 구상나무는 솔방울열매 겉으로 나온 작은 조각이 뒤로 젖혀져요.

7월 15일
어린 솔방울열매를 세로로 잘라 보았어요. 가장자리 틈새마다 씨앗이 자라고 있어요.

8월 4일
솔방울열매는 원통 모양으로 크게 자라요.

잎 뒷면

8월 13일
바늘 모양의 잎은 납작하고 끝이 약간 오목하게 들어가요. 잎 뒷면은 흰색 가루로 덮여 있어요.

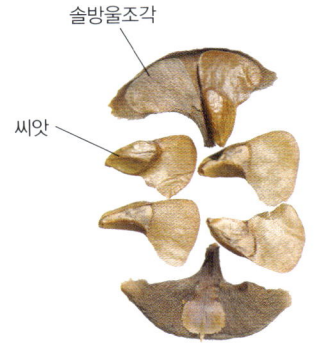

10월 25일
가을에 갈색으로 익은 솔방울열매는 조각조각 부서져 나가요.

솔방울조각
씨앗

구상나무 부서진 솔방울열매 관찰
솔방울조각은 부채처럼 생겼어요. 납작한 씨앗은 한쪽에 날개가 있어서 바람에 잘 날아가요.

3월 14일
구상나무는 늘푸른나무로 푸른 바늘잎을 단 채로 겨울을 나요.

살펴보아요!

크리스마스트리로 인기가 높은 구상나무

구상나무는 전 세계에서 오직 우리나라에서만 자생하는 소중한 나무예요. 추운 곳을 좋아하기 때문에 한라산, 지리산, 덕유산의 높은 지대에서만 자라요. 구상나무는 솔방울열매의 색깔이 여러 가지인데 색깔에 따라 푸른구상, 붉은구상, 검은구상으로 구분하기도 해요. 원뿔처럼 자라는 나무 모양이 단정하고 솔방울열매의 색깔이 알록달록해서 정원수로도 많이 심어요. 서양에서는 특히 크리스마스트리로 인기가 높답니다.

구상나무는?

분류 | 소나무과
자라는 모양 | 늘푸른바늘잎나무
높이 | 10~15m
꽃 피는 시기 | 4~5월
열매가 익는 시기 | 9~10월
자라는 곳 | 높은 산
쓰임새 | 정원수로 심고 크리스마스트리로도 사용함.

나무 모양이 예뻐요!

식물의 한살이 공원에서 만나는 나무

측백나무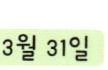

측백나무는 산에서 드물게 자라고 관상수로 심어 길러요.
보통 곧게 서는 줄기는 아파트 7층 정도 높이까지 자라요.

3월 31일
가지 끝에 달리는 타원 모양의 수꽃송이에서 노란색 꽃가루가 바람에 날려요.

3월 31일
가지 끝에 달리는 암꽃송이는 연한 자갈색이에요.

4월 11일
측백나무는 암꽃과 수꽃이 한 그루에 따로 피는 암수한그루예요.

5월 1일
암꽃송이에 바람에 날아온 꽃가루가 닿으면 어린 열매가 열리지요.

6월 29일
어린 열매는 점차 크게 자라며 초록색이고 겉이 울퉁불퉁해요.

8월 12일
열매를 가로로 잘라 보면 속에 씨앗이 만들어진 것을 볼 수 있어요.

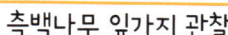

측백나무 잎가지 관찰

8월 13일

잎가지 앞면을 보면 작고 납작한 잎은 끝이 뾰족하고 비늘처럼 포개져요.

잎가지 뒷면을 보면 앞면과 비슷해서 구분이 어려워요.

열매 끝에는 뾰족한 뿔이 있기도 해요.

8월 12일
열매를 세로로 잘라 보니 타원 모양~달걀 모양의 씨앗에는 단단한 껍질 속에 연한 속살이 들어 있어요.

10월 2일
다 자란 열매는 어른 엄지손톱 정도 크기이고 여전히 울퉁불퉁해요. 열매는 가을에 갈색으로 익으면 조각조각 갈라져 벌어지기 시작해요.

11월 3일
활짝 벌어진 열매 속에는 2~6개의 적갈색 씨앗이 들어 있다가 점차 떨어져 나가요.

흑갈색~적갈색 씨앗은 단단한 껍질에 싸여 있어요.

12월 9일
측백나무는 늘푸른큰키나무로 푸른 비늘잎을 단 채로 겨울을 나요.

열매 안의 씨앗은 대부분 떨어져 나갔어요.

다음 해 3월 21일
열매는 봄에 꽃이 필 때까지 그대로 매달려 있는 것도 많아요.

향나무
측백나무와 비슷한 비늘잎을 가진 향나무는 짧은 바늘잎도 함께 있어서 구분할 수 있어요.

살펴보아요!

겉과 속이 다르지 않은 군자나무 측백나무

측백나무는 작고 납작한 잎이 비늘처럼 포개지는 '비늘잎'을 가지고 있어요. 비늘잎을 가진 나무도 '바늘잎나무'에 속하지요. 측백나무의 비늘잎은 앞면과 뒷면의 색깔과 모양이 거의 비슷해서 구분이 어려워요. 옛날 사람들은 이런 측백 잎을 보고 겉과 속이 다르지 않은 사람을 일컫는 '군자'와 닮았다고 해서 '군자나무'라고 부르며 매우 귀하게 여겼어요. 그래서 조상을 모시는 사당이나 무덤가 등에 많이 심었다고 해요.

측백나무는?

분류 | 측백나무과
자라는 모양 | 늘푸른큰키나무
높이 | 5~20m
꽃 피는 시기 | 4월
열매가 익는 시기 | 9~11월
자라는 곳 | 산에서 드물게 자람.
쓰임새 | 정원수로 심으며 생울타리를 만들기도 함. 잎은 피를 멈추는 약재로 이용하기도 함.

귀하게 여긴 나무예요.

식물의 한살이 공원에서 만나는 나무

자작나무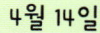

자작나무는 산에 심어 기르거나 관상수로 심어요.
곧게 자라는 줄기는 아파트 7층 정도 높이로 자라요.

4월 14일
암수한그루로 봄에 어린 암꽃송이는 위를 향하고 수꽃송이는 이삭 모양이며 밑으로 처져요.

― 암꽃송이
― 수꽃송이

12월 7일
가지에 긴 타원 모양의 겨울눈을 달고 겨울을 나요.

12월 7일
수꽃눈은 꽃이삭 모양을 갖춘 채로 추운 겨울을 나요.

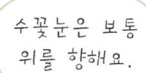
수꽃눈은 보통 위를 향해요.

4월 14일
잎과 함께 나오는 암꽃송이는 위를 향하지만 자라면서 점차 밑으로 늘어져요.

4월 14일
잎만 나오는 겨울눈도 있어요.

4월 18일
새로 돋은 잎은 주름이 깊지만 자라면서 점차 편평해져요.

암꽃송이는 점차 밑으로 처져요.

7월 7일
열매를 잘라 보면 가운데 열매 기둥 양쪽으로 자잘한 씨앗이 촘촘히 들어 있어요.

4월 22일
수꽃송이에는 많은 수꽃이 촘촘히 돌려 가며 달리고 노란색 꽃가루가 바람에 날려 퍼져요.

6월 23일
기다란 원통형 열매이삭은 연녹색이며 밑으로 늘어져요. 잎은 세모진 달걀 모양이에요.

자작나무 열매조각과 씨앗 관찰

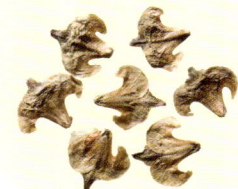

열매조각은 윗부분이 3갈래로 갈라진 것이 제비를 닮았어요.

씨앗은 양쪽에 투명한 날개가 있어서 바람에 잘 날리며 나비와 모양이 비슷해요.

8월 5일
열매는 늦여름부터 갈색으로 익어요.

9월 5일
잘 익은 열매는 조금씩 부서지면서 열매조각과 씨앗이 떨어져 나가요.

10월 21일
잎은 가을에 노란색으로 단풍이 들어요.

11월 15일
가을 바람에 잎을 다 떨군 나무는 그대로 겨울을 나요.

자작나무 껍질 관찰
나무껍질은 흰색이며 종이처럼 얇게 벗겨져요.

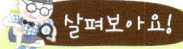 살펴보아요!

숲속의 여왕 자작나무

자작나무는 추운 북부 지방에서 많이 자라는데 흰색 줄기가 시원스럽게 하늘로 뻗은 모습이 기품 있어 보여서 '숲속의 여왕'으로 불려요. 흰빛을 띠는 얇은 나무껍질은 기름기가 많아서 불이 잘 붙기 때문에 불쏘시개로 이용해요. 나무껍질에 불을 붙이면 '자작자작' 소리를 내면서 타기 때문에 '자작나무'란 이름이 붙었어요. 옛날 종이가 귀했던 시절에는 얇게 벗겨지는 나무껍질에 글을 쓰거나 그림을 그렸어요.

자작나무는?

분류 | 자작나무과
자라는 모양 | 갈잎큰키나무
높이 | 15~20m
꽃 피는 시기 | 4~5월
열매가 익는 시기 | 9~10월
자라는 곳 | 산에서 자라며 공원수로도 심음.
쓰임새 | 목재는 집을 짓는 데 사용하며 종이를 만드는 펄프재로도 쓰임. 봄에 줄기에서 수액을 받아 마심.

나무에서 기품이 느껴져요!

식물의 한살이 공원에서 만나는 나무

느티나무

느티나무는 산이나 마을 근처에서 자라요. 줄기는 큰 가지가 많이 갈라져 퍼지고 아파트 11층 정도 높이로 자라요.

어린잎은 양쪽으로 가지런히 벋는 잎맥이 뚜렷해요.

12월 14일
가지에 원뿔 모양의 겨울눈을 달고 겨울을 나요.

4월 10일
봄이 오면 겨울눈이 벌어지면서 새순이 나와 자라요.

4월 14일
새순은 점차 자라면서 연두색의 어린잎을 펼치기 시작해요.

 암꽃

4월 16일
새가지의 잎겨드랑이에 작은 암꽃이 피기 시작해요.

4월 25일
암수한그루로 새가지 위쪽에는 암꽃이, 밑부분에는 수꽃송이가 달려요.

4월 25일
자잘한 수꽃은 몇 개씩 모여 달려요.

벌레집 속에서는 애벌레가 자라요.

5월 26일
긴 타원 모양의 잎은 끝부분이 길게 뾰족해요.

6월 12일
잎에는 벌레집이 혹처럼 달리기도 해요.

7월 22일
새로 자라는 잎은 붉은빛이 도는 것도 있어요.

느티나무 열매 관찰
8월 10일

어린 열매

잎겨드랑이에 달리는 어린 열매는 크기가 작아서 잘 보이지 않아요.

열매는 일그러진 공처럼 생겼어요.

9월 27일
열매는 가을에 갈색으로 익어요.

느티나무 그늘에 누우면 잠이 솔솔~

10월 3일
열매 속에는 작은 씨앗이 1개씩 들어 있어요.

10월 17일
잎은 가을에 노란색으로 단풍이 들었어요.

10월 17일
잎은 적갈색으로 단풍이 들기도 해요. 잎을 떨군 나무는 그대로 겨울을 나요.

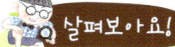 살펴보아요!

눈에 잘 띄는 정자나무 느티나무

산골짜기에서 자라는 느티나무는 우리 민족이 옛날부터 가깝게 두고 기른 나무예요. 줄기는 굵은 가지가 사방으로 퍼지면서 자라기 때문에 좋은 그늘을 만들어요. 그래서 마을 입구에 심어서 사람들이 모여 쉬는 정자나무로 널리 이용하지요. 느티나무는 천 년을 넘게 살 수 있는 나무로 많은 나무가 천연기념물로 보호받고 있어요. 크게 자란 나무는 늘 티가 나게 눈에 잘 띄어서 '늘티나무'라고 하던 것이 변해 '느티나무'가 되었대요.

느티나무는?

분류 | 느릅나무과
자라는 모양 | 갈잎큰키나무
높이 | 20~25m
꽃 피는 시기 | 4~5월
열매가 익는 시기 | 10월
자라는 곳 | 산골짜기나 마을 주변
쓰임새 | 마을 입구에 정자나무로 심음. 단단한 목재로는 가구나 악기 등을 만듦.

오래 사는 나무예요.

식물의 한살이 공원에서 만나는 나무

계수나무

계수나무는 공원에 관상수로 심어요. 곧게 자라는 줄기는 가지가 많이 갈라지고 아파트 11층 정도 높이까지 자라요.

아직 잎눈에서는 잎이 나올 생각을 안 해요.

4월 13일
수그루의 겨울눈을 뚫고 수꽃이 나왔어요. 꽃에는 꽃잎이 없어요.

12월 27일
가지 끝에 2개의 겨울눈을 달고 겨울을 나요.

4월 13일
암수딴그루로 암그루는 가지 끝의 겨울눈을 뚫고 암꽃이 피어요.

4월 16일
수꽃이 시들 무렵 잎이 돋기 시작해요.

4월 19일
겨울눈에서 붉은빛이 도는 새잎이 돋았어요.

4월 24일
새로 돋은 붉은색 잎 사이에서 2개의 새가지가 자라고 있어요.

잎은 점차 하트 모양으로 변해요.

4월 30일
새로 돋은 잎은 점차 자라면서 연두색으로 변해요.

6월 25일
동그스름한 녹색 잎은 하트 모양으로 밑부분이 오목하게 들어가요.

어린 열매는 길쭉한 원통 모양이에요.

9월 1일
원통 모양의 열매는 바나나처럼 약간 굽고 가을에 익어요.

8월 14일
암그루는 잎겨드랑이에 작은 열매가 자라고 있어요.

10월 18일
잎은 가을에 주홍색으로 단풍이 들어요.

11월 12일
낙엽이 진 가지에 열매만 남았어요. 열매는 세로로 길게 갈라지면서 씨앗이 나와요.

씨앗은 한쪽에 얇은 날개가 있어서 바람에 잘 날려요.

10월 22일
잎은 노란색으로 단풍이 들기도 해요.

솜사탕처럼 달콤한 향기가 나는 **계수나무**

'푸른 하늘 은하수 하얀 쪽배엔 계수나무 한 나무 토끼 한 마리~'〈반달〉이란 동요에 나오는 계수나무는 상상 속의 나무지만 같은 이름을 가진 나무가 중국과 일본에서 자라며 공원에 심어진 것을 볼 수 있어요. 계수나무는 하트 모양으로 생긴 잎에서 솜사탕 냄새와 비슷한 달콤한 향기가 나기 때문에 냄새로 구분할 수 있어요. 특히 가을에 단풍이 들면 달콤한 향기가 더욱 진해져요. 그래서 일본에서는 가지를 잘라 향을 만드는 재료로 써요.

계수나무는?

분류 | 계수나무과
자라는 모양 | 갈잎큰키나무
높이 | 30m 정도
꽃 피는 시기 | 3~5월
열매가 익는 시기 | 10~11월
자라는 곳 | 공원
쓰임새 | 공원수로 심음. 목재는 가구나 악기를 만드는 재료로 쓰임. 향기가 나는 어린잎으로 차를 끓여 마시기도 함.

하트 모양 잎에서 달콤한 향기가 나요.

식물의 한살이 공원에서 만나는 나무

모란

모란은 공원이나 정원에서 만날 수 있어요. 여러 대가 모여나는 줄기는 선생님이 쓰는 교탁 정도 높이로 자라요.

1월 21일
가지에 달걀 모양의 겨울눈을 달고 겨울을 나요.

4월 8일
봄이 오면 겨울눈을 뚫고 새순이 돋아요.

4월 12일
새순이 벌어지면서 잎과 꽃봉오리가 드러나요.

모란 꽃봉오리 관찰

4월 20일
오므리고 있던 잎이 펼쳐지고 꽃봉오리도 조금씩 커지고 있어요.

5월 1일
꽃봉오리가 벌어지면서 붉은색 꽃잎이 드러나기 시작했어요.

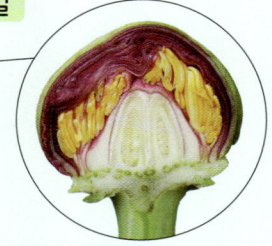

꽃봉오리를 잘라 보면 붉은색 꽃잎과 노란색 수술이 가지런히 포개져 있는 것을 볼 수 있어요.

5월 9일
꽃봉오리가 더 벌어지면서 붉은색 꽃잎이 많이 자랐어요.

5월 11일
드디어 가지 끝에 큼직한 붉은색 꽃이 피었어요.

붉은색 꽃잎 중앙에 있는 암술 둘레에 노란색 수술이 둥글게 모여 있어요.

5월 18일
꽃이 시든 자리에 어린 열매가 열렸어요.

5월 18일
잎도 크게 자랐어요. 긴 잎자루는 3갈래로 갈라지고 각각 3~5장의 작은잎이 달려요.

6월 20일
긴 타원 모양의 열매는 5개가 빙 둘러 가며 달렸어요. 열매는 털로 덮여 있어요.

열매는 보통 2~6개가 빙 둘러 가며 달려요.

8월 5일
잘 익은 열매는 세로로 길게 벌어지면서 씨앗이 드러나요.

8월 29일
동그스름한 씨앗은 검은색이고 반질거려요.

8월 29일
활짝 벌어진 열매에서 씨앗은 다 떨어지고 껍질만 남았어요.

11월 12일
잎은 가을에 노란색이나 붉은색으로 단풍이 들어요.

살펴보아요!

꽃 중의 왕 모란

모란의 고향은 중국이에요. 우리나라에는 1300여 년 전인 신라 선덕여왕 때에 들어와 심어진 아주 오래된 나무예요. 봄에 피는 붉은색 꽃은 아빠 손바닥을 펼친 것만큼 큼직하고 아름다워요. 옛날 중국의 수나라 임금인 양제는 꽃이 크고 아름다운 모란을 좋아해서 궁궐 안에 심어 놓고 '꽃 중의 왕'이라고 했대요. 꽃이 아름답기 때문에 여러 색깔과 모양의 꽃을 만들어서 심고 있어요. '모란'은 한자 이름 '목단'이 변한 이름이에요.

모란은?

분류 | 작약과
자라는 모양 | 갈잎떨기나무
높이 | 1~1.5m
꽃 피는 시기 | 4~5월
열매가 익는 시기 | 9월
자라는 곳 | 공원이나 정원
쓰임새 | 꽃이 아름다워 관상수로 심음. 뿌리는 염증을 없애는 한약재로 이용함.

꽃이 큼직하고 아름다워요!

식물의 한살이 공원에서 만나는 나무

튤립나무

튤립나무는 공원에 관상수로 심어요. 곧게 자라는 줄기는
가지가 많이 갈라지고 아파트 14층 정도 높이까지 자라요.

12월 22일
가지 끝에 긴 타원 모양의 겨울눈을 달고 겨울을 나요.

4월 20일
겨울눈은 조개가 입을 벌리듯 살짝 벌어지면서 어린잎이 나와요.

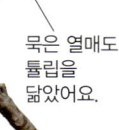
꽃봉오리

4월 23일
잎이 벌어지면서 가운데에서는 꽃봉오리가 자라고 있어요. 그때까지 묵은 열매가 남아 있기도 해요.

묵은 열매도 튤립을 닮았어요.

5월 8일
어린잎이 활짝 펼쳐졌어요.

5월 31일
네모진 잎은 2갈래나 4갈래로 갈라져요.

7월 6일
시든 꽃이 그대로 남아 있기도 해요

튤립나무 꽃 관찰

5월 31일

꽃봉오리가 벌어지면서 연노란색 꽃이 피었어요.

6장의 꽃잎은 튤립처럼 곧게 서고 끝부분만 뒤로 말려요.

수술
암술

꽃 가운데에는 원뿔 모양의 암술이 있고 그 둘레에 많은 수술이 둘러나요.

9월 10일
암술 모양 그대로 원뿔 모양의 열매가 자랐어요.

노랗게 노랗게 물 들었네!

10월 10일
열매는 점차 갈색으로 익어요.

10월 15일
잘 익은 열매는 조각조각 조금씩 벌어지기 시작해요.

10월 20일
잎은 노란색으로 아름답게 단풍이 들어요.

11월 19일
열매조각은 가운데가 먼저 부서지기 때문에 남은 열매도 튤립의 꽃 모양과 비슷해요.

씨앗

날개가 달린 열매조각의 밑부분에 씨앗이 있어요.

살펴보아요!

산소나무로도 불리는 튤립나무

튤립나무의 고향은 미국이에요. '튤립나무'는 늦은 봄에 피는 노란색 꽃이 튤립 꽃을 닮아서 붙여진 이름이에요. 어떤 사람은 백합 꽃을 닮았다고 '백합나무'라고도 하지요. 가지에 달리는 잎은 끝이 가위로 자른 것처럼 뭉툭해서 구분이 쉬워요. 튤립나무는 사람이 숨을 쉬는 데 필요한 산소를 다른 나무보다도 훨씬 많이 만들기 때문에 '산소나무'라는 별명도 가지고 있어요. 우리나라에서 잘 자라고 목재도 쓸모가 많기 때문에 요즘에는 산에도 많이 심어 기른답니다.

튤립나무는?

꽃이 튤립 모양이에요.

분류 | 목련과
자라는 모양 | 갈잎큰키나무
높이 | 20~40m
꽃 피는 시기 | 5~6월
열매가 익는 시기 | 9~10월
자라는 곳 | 산이나 공원
쓰임새 | 잎의 모양이 독특해서 가로수나 공원수로 심으며 산에서 재배함. 가벼운 목재는 배나 가구를 만드는 재료로 쓰임.

식물의 한살이 공원에서 만나는 나무

백목련

백목련은 공원에 관상수로 심어요. 곧게 자라는 줄기는 가지가 많이 갈라지고 아파트 9층 정도 높이로 자라요.

백목련 꽃 관찰

4월 16일

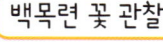

잎이 돋기 전에 가지 끝에 큼직한 흰색 꽃이 활짝 피었어요.

꽃눈

잎눈

12월 14일
가지 끝에 털을 뒤집어 쓴 큼직한 겨울눈을 달고 있는데 봄에 꽃이 필 꽃눈이에요. 그 밑에 조그만 눈은 잎이 자랄 잎눈이에요.

꽃봉오리는 남쪽 부분이 빨리 자라요.

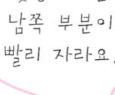

4월 12일
봄이 오면 꽃눈이 부풀어 오르면서 꽃봉오리가 나와요.

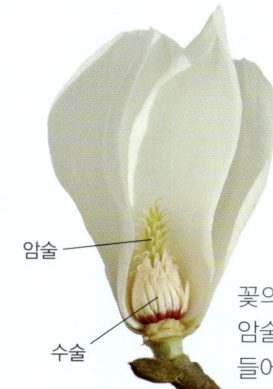

암술

수술

꽃의 가운데에는 암술과 수술이 들어 있어요.

4월 27일
꽃이 시들 무렵이면 작은 잎눈도 부풀어 오르기 시작해요.

5월 2일
잎눈이 벌어지면서 새잎이 나오기 시작해요.

5월 5일
꽃이 시들고 기다란 열매가 맺혔어요. 그 밑에서는 새잎도 나왔어요.

6월 24일
어린 열매는 자라면서 겉면이 울퉁불퉁하게 변해요.

8월 21일
가지 끝에서 새로 돋은 잎은 붉은빛이 돌기도 해요.

9월 14일
열매는 가을에 붉은색으로 익어요. 잎은 밑부분이 좁고 위로 갈수록 넓어져요.

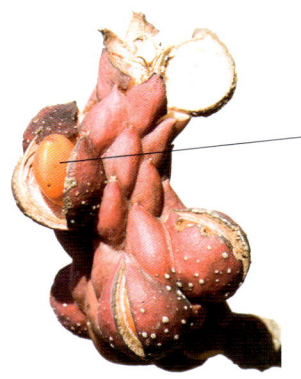

10월 24일
열매는 익으면 볼록한 부분이 세로로 갈라지면서 붉은색 씨앗이 드러나요.

10월 30일
씨앗의 붉은색 껍질을 벗기면 하트 모양의 까만색 씨앗이 드러나요.

10월 18일
가을이 오면 잎은 노란색으로 단풍이 들어요.

11월 12일
땅에 떨어진 잎은 점차 진한 갈색으로 변해요.

1월 13일
잎을 떨군 나무는 겨울눈을 가득 달고 겨울을 나요.

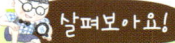 살펴보아요!

꽃봉오리가 북쪽을 향하는 백목련

백목련은 고향이 중국이지만 오래전에 우리나라에 들어와 길렀어요. 옛날 사람들은 털로 덮여 있는 큼직한 겨울눈의 모습이 글씨를 쓰는 붓과 비슷하다 하여 '나무붓'이라는 별명으로도 불렀어요. 봄에 겨울눈이 부풀면서 나오는 꽃봉오리는 햇빛을 받는 남쪽 부분이 빨리 자라기 때문에 꽃봉오리 끝이 북쪽을 향해요. 옛날 사람들은 이를 보고 꽃봉오리가 북쪽에 계신 임금님을 사모해서 그런 것이라고 생각해서 귀하게 여겼대요.

백목련은?

분류 | 목련과
자라는 모양 | 갈잎큰키나무
높이 | 15m 정도
꽃 피는 시기 | 3~4월
열매가 익는 시기 | 10월
자라는 곳 | 공원이나 정원
쓰임새 | 꽃이 아름다워 관상수로 심음. 꽃봉오리는 말려서 콧병이나 두통을 치료하는 약재로 씀.

봄에 큼직한 흰색 꽃이 피어요.

식물의 한살이 공원에서 만나는 나무

히어리

히어리는 산에서 자라요. 줄기는 여러 대가 모여나
가지가 많이 갈라지고 아파트 1층 정도 높이로 자라요.

1월 7일
가지에 긴 달걀 모양의
겨울눈을 달고
겨울을 나요.

3월 22일
이른 봄이면
겨울눈이 벌어지면서
새순이 돋아요.

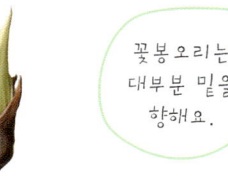

꽃봉오리는
대부분 밑을
향해요.

3월 25일
겨울눈에서는
노란색 꽃봉오리가
잎보다 먼저 자라요.

3월 28일
노란색 꽃송이가 밑으로
처지기 시작했어요.

4월 1일
밑으로 늘어진 꽃송이에
노란색 꽃이 돌려 가며
활짝 피었어요.

4월 6일
꽃이 시들 때쯤 새잎이
나오기 시작해요.

5월 15일
잎이 다 자랄 때쯤이면
어린 열매도 함께 자라요.

어린 열매에는 2개의
암술이 뿔처럼 남아 있어요.

7월 7일
동그스름한 잎은 잎맥을
따라 주름이 뚜렷해요.

히어리 열매와 씨앗 관찰

7월 29일
열매가 자라면서 열매송이는 점차 밑으로 처져요.

열매에는 암술대가 그대로 남아 있어요.

10월 11일
잎은 보통 노란색으로 단풍이 들지만 붉게 단풍이 드는 잎도 있어요.

10월 24일
열매는 가을에 갈색으로 익기 시작해요.

10월 27일
잘 익은 열매는 둘로 갈라지면서 씨앗이 튀어 나와요.

타원 모양의 씨앗은 검은색이며 광택이 있어요.

10월 23일
잎은 가을에 대부분 노란색으로 단풍이 들어요.

살펴보아요!

우리나라 특산나무 히어리

히어리는 전 세계에서 오직 우리나라에서만 자라는 우리 나무예요. 이런 나무를 일컬어 '특산나무'라고 하지요. 히어리가 처음 발견된 곳은 남부 지방의 지리산 자락이라서 따뜻한 곳에서 자라는 나무로 생각했어요. 하지만 뒤에 경기도 수원과 강원도 백운산에서도 발견되면서 추운 곳에서도 자라는 것으로 밝혀졌지요. 그래도 자라는 곳이 얼마 안 되는 귀한 나무라서 법으로 희귀식물로 정하고 자라는 곳을 보호하고 있어요.

히어리는?

분류 | 조록나무과
자라는 모양 | 갈잎떨기나무
높이 | 2~3m
꽃 피는 시기 | 3~4월
열매가 익는 시기 | 9~10월
자라는 곳 | 산에서 드물게 자람.
쓰임새 | 꽃이 핀 나무 모양과 가을 단풍이 아름다워서 공원이나 정원에 심어 기름.

우리나라에서만 자라요!

식물의 한살이 공원에서 만나는 나무

양버즘나무

양버즘나무는 길가나 공원에서 자라요. 곧게 자라는 줄기는 가지가 많이 갈라지고 아파트 12층 정도 높이로 자라요.

12월 7일
가지에 달걀 모양의 겨울눈을 달고 겨울을 나요.

4월 12일
봄이 오면 겨울눈이 자라면서 새순이 나오기 시작해요.

4월 23일
암수한그루로 겨울눈에서 수꽃봉오리와 함께 잎이 나왔어요.

5월 3일
긴 자루에 매달린 수꽃송이가 활짝 피면 바람에 꽃가루가 날려 퍼져요.

5월 3일
둥근 암꽃송이는 붉은빛이 돌며 긴 자루에 매달려요.

턱잎

5월 3일
새로 돋은 잎은 잎자루 밑부분에 커다란 턱잎이 있어요. 턱잎은 새로 돋은 어린잎을 보호하는 역할을 해요.

양버즘나무 열매 관찰

7월 30일

둥근 방울 모양의 열매는 보통 1개씩 달리지만 간혹 2개가 달리기도 해요.

열매 겉은 짧은 털로 덮여 있어요.

단단한 열매를 잘라 보면 빙 둘러 가며 어린 씨앗이 촘촘히 붙어 있어요.

7월 30일
큼직한 잎은 3~5갈래로 얕게 갈라져요. 새로 자란 가지에서는 계속해서 잎이 나와요.

10월 17일
가을이 되면 잎은 노란색이나 갈색으로 단풍이 들어요.

11월 25일
단풍잎은 점차 바람에 떨어져 나가요.

양버즘나무 껍질 관찰
나무껍질은 속껍질이 계속 벗겨져 나간 모습이 버짐이 핀 것 같아요.

단단한 열매도 결국에는 부서져요!

11월 19일
잘 익은 열매는 조금씩 부서지면서 씨앗이 떨어져요.

기다란 씨앗 밑부분에는 긴 털이 빽빽이 달려서 바람에 잘 날려 퍼져요.

12월 18일
갈색으로 익은 열매는 낙엽이 진 겨울에도 매달려 있어요.

 **살펴보아요!**

나무껍질이 버짐 피듯 벗겨지는 **양버즘나무**

양버즘나무는 고향이 미국인 나무로 흔히 '플라타너스'라고도 해요. 공기 중의 더러운 오염 물질에도 잘 견디기 때문에 세계 곳곳에서 길가의 가로수로 널리 심고 있지요. 서울 시내 가로수의 거의 절반 정도가 양버즘나무라고 해요. '버즘나무'는 나무껍질이 벗겨진 모습이 버짐이 핀 것 같아서 붙여진 이름이고 서양에서 들여와서 '양버즘나무'라고 해요. 북한에서는 둥근 열매 모양을 보고 버즘나무를 '방울나무'라고 해요.

양버즘나무는?

분류 | 버즘나무과
자라는 모양 | 갈잎큰키나무
높이 | 20~40m
꽃 피는 시기 | 4~5월
열매가 익는 시기 | 10월
자라는 곳 | 길가나 공원
쓰임새 | 그늘이 좋아서 가로수나 공원수로 심음. 목재는 가구를 만들거나 종이 원료로 쓰임.

방울 모양의 열매가 달려요.

식물의 한살이 공원에서 만나는 나무

황매화

황매화는 공원이나 정원에서 자라요. 줄기는 여러 대가 모여나 가지가 많이 갈라지고 어른 키 정도 높이로 자라요.

12월 3일
초록색 가지에 달걀 모양의 겨울눈을 달고 겨울을 나요.

4월 8일
봄이 오면 겨울눈이 벌어지면서 새잎이 나와요.

꽃봉오리는 녹색이에요.

4월 13일
잎과 함께 동그란 꽃봉오리가 나오는 가지도 있어요.

4월 17일
동그란 꽃봉오리가 벌어지면서 노란 꽃잎이 솟아요.

죽단화
겹꽃이 피는 품종도 있는데 '죽단화'라고 해요.

6월 23일
잎은 긴 달걀 모양이며 끝이 뾰족해요.

황매화 꽃 관찰

4월 18일

가지 끝에 노란색 꽃이 1송이씩 활짝 피었어요.

노란색 꽃잎은 5장이고 가운데에 암술과 많은 수술이 있어요.

꽃받침은 별처럼 5갈래로 갈라져요.

7월 29일
가지 끝에 열매가 열렸어요.

8월 1일
드물게 여름에도 꽃이 피는 경우가 있어요.

8월 9일
열매가 점차 익기 시작해요.

황매화 열매와 씨앗 관찰

8월 9일
5장의 꽃받침 가운데에 1~5개의 씨앗이 들어 있어요.

9월 29일
열매가 황갈색으로 익었어요.

10월 18일
잎은 노란색으로 단풍이 들어요.

11월 12일
단풍이 든 나무는 가을 바람에 잎을 떨구기 시작해요.

살펴보아요!

노란 꽃이 매화를 닮은 황매화

황매화는 고향이 중국인 나무로 가느다란 초록색 줄기가 무더기로 모여나 어른 키 정도 높이로 자라기 때문에 줄기만 보고도 알 수 있어요. 봄이 오면 가지 끝에 노란색 꽃이 피어요. 5장의 꽃잎을 가진 꽃은 매화 꽃을 닮았지만 노란색이라서 '노란 매화'라는 뜻의 '황매화'라고 이름이 붙었어요. 주변의 화단에서는 황매화를 닮았지만 노란색 겹꽃이 피는 나무를 더 많이 볼 수 있는데 '죽단화' 또는 '겹황매화'라고 해요.

황매화는?

노란 매화 '황매화'예요.

분류 | 장미과
자라는 모양 | 갈잎떨기나무
높이 | 1~2m
꽃 피는 시기 | 4~5월
열매가 익는 시기 | 9월
자라는 곳 | 정원이나 공원
쓰임새 | 꽃이 핀 나무 모양이 아름다워서 공원이나 정원에 심어 기름. 잎과 꽃은 소화를 돕거나 기침을 멎게 하는 약재로 씀.

식물의 한살이 공원에서 만나는 나무

왕벚나무

왕벚나무는 산에서 드물게 자라며 길가나 공원에 심어요.
줄기는 가지가 많이 갈라지고 아파트 5층 정도 높이까지 자라요.

12월 12일
가지에 달걀 모양의 겨울눈을 달고 겨울을 나요.

새잎
꽃봉오리

4월 14일
봄이 오면 겨울눈이 벌어지면서 긴 자루에 달린 꽃봉오리가 모여나요. 새잎도 나오기 시작해요.

꽃봉오리 속에는 1개의 암술과 많은 수술이 들어 있어요.

4월 16일
잎이 돋기 전에 가지 가득 흰색 꽃이 피었어요.

5장의 흰색 꽃잎은 끝부분이 약간 오목하게 들어가요.

4월 20일
꽃이 시들 때쯤이면 잎이 돋아나요. 어린잎에서 꽃등에가 햇볕을 쬐고 있어요.

4월 29일
꽃이 진 자리에 어린 열매가 열렸어요. 다 자란 타원 모양의 잎은 끝이 뾰족해요.

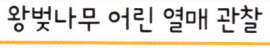
왕벚나무 어린 열매 관찰

5월 11일

콩알만 한 열매는 긴 자루에 매달려요.

열매를 잘라 보면 속에는 1개의 씨앗이 만들어지고 있어요.

6월 9일
초여름이 되면 열매는 붉은색으로 변했다가 검은 자주색으로 익어요.

6월 15일
달콤하면서 약간 쓴맛이 나는 열매는 '버찌'라고 하며 먹을 수 있어요.

7월 7일
둥근 타원 모양의 씨앗은 단단하고 겉면이 매끈해요.

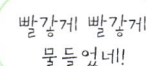
빨갛게 빨갛게 물들었네!

10월 21일
가을이 되면 잎은 붉은색으로 단풍이 들어요.

10월 23일
땅에 떨어진 잎은 점차 갈색으로 변해요.

10월 25일
세찬 가을 바람이 불면 단풍이 든 나무는 잎을 떨구기 시작해요.

살펴보아요!

봄을 화려하게 장식하는 왕벚나무

벚나무는 봄에 잎이 돋기 전에 나무 가득 흰색 꽃이 피기 때문에 무척 아름다워요. 꽃이 질 때도 꽃이 필 때처럼 한꺼번에 꽃잎이 지기 때문에 바람에 흩날리면 꽃비가 내리는 듯해요. 벚나무는 종류가 여러 가지인데 그중에서도 꽃이 가장 풍성하고 화려한 것이 '왕벚나무'예요. 왕벚나무는 낮은 산에서 자라는 올벚나무와 높은 산에서 자라는 산벚나무가 결혼해서 만들어진 잡종 나무랍니다. 열매는 '버찌'라고 하며 아이들이 따 먹어요.

왕벚나무는?

나무에 버찌가 달려요!

분류 | 장미과
자라는 모양 | 갈잎큰키나무
높이 | 10~15m
꽃 피는 시기 | 4월
열매가 익는 시기 | 5~6월
자라는 곳 | 산에서 드물게 자라며 공원 등에 심음.
쓰임새 | 열매는 과일로 먹고 나무껍질은 기침을 멈추게 하거나 피부병을 치료하는 약재로 씀.

식물의 한살이 공원에서 만나는 나무

박태기나무

박태기나무는 공원이나 정원에서 자라요. 줄기는 여러 대가 모여나 가지가 많이 갈라지고 아파트 1층 정도 높이로 자라요.

꽃봉오리가 밥알 모양과 비슷해요!

12월 14일
가지에 잎눈과 꽃눈을 달고 겨울을 나요.

잎눈
꽃눈

3월 25일
이른 봄에 꽃눈이 부풀기 시작했어요.

4월 17일
1개의 꽃눈에서 여러 개의 꽃봉오리가 나와요. 꽃봉오리에는 가느다란 자루가 있어요.

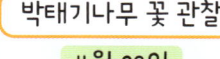

박태기나무 꽃 관찰

4월 23일

가지마다 홍자색 꽃이 다닥다닥 피기 시작했어요.

나비 모양의 꽃은 보통 7~8개씩 뭉쳐서 피어요.

꽃잎 밑부분의 속에는 암술과 여러 개의 수술이 들어 있어요.

암술

4월 30일
꽃이 시들면 암술이 길게 자라서 어린 열매가 돼요.

5월 14일
어린 열매가 맺힐 때쯤 잎눈에서 자란 잎이 모양을 갖추어 가요.

6월 23일
잎은 하트 모양이며 가장자리가 밋밋해요.

7월 22일
납작한 꼬투리열매는
끝이 길고 뾰족해요.

10월 28일
가을이 되면 꼬투리열매는
흑갈색으로 익어요.

납작한
꼬투리열매는
세로로 쪼개져요.

동글납작한 씨앗은
광택이 나요.

10월 28일
잎은 가을에 노랗게
단풍이 들었어요.

11월 15일
꼬투리열매 속에는
5~8개의 씨앗이
나란히 들어 있어요.

12월 24일
꼬투리열매는 가지에
매달린 채 겨울을
나는 것도 많아요.

살펴보아요!

꽃봉오리가 밥티기 모양인 **박태기나무**

박태기나무는 고향이 중국인 나무로 정원에 널리 심고 있어요. 봄이면 잎이 돋기 전에 나무 가득 홍자색 꽃이 다닥다닥 달려서 봄 화단을 장식하지요. 꽃에는 꿀이 많아서 벌이 많이 모여들어요. 하지만 꽃잎에는 독 성분이 약간 있어서 씹으면 아린 맛이 나요. '박태기'는 남부 지방에서 밥알을 뜻하는 '밥티기'가 변해서 된 이름으로, 꽃봉오리가 모여 있는 모습이 밥알과 비슷해서 '밥티기나무'라고 하던 것이 변해 '박태기나무'가 되었대요.

박태기나무는?

수줍은 듯
홍자색 꽃이
피었어요!

분류 | 콩과
자라는 모양 | 갈잎떨기나무
높이 | 2~4m
꽃 피는 시기 | 4월
열매가 익는 시기 | 9~10월
자라는 곳 | 정원이나 공원
쓰임새 | 꽃이 핀 나무 모양이 아름다워서 공원이나 정원에 심어 기름. 줄기와 뿌리껍질은 오줌을 잘 나오게 하는 약재로 씀.

식물의 한살이 공원에서 만나는 나무

회양목

회양목은 산에서 자라며 정원에서도 많이 볼 수 있어요.
줄기는 가지가 많이 갈라지면서 어른 키 정도 높이로 자라요.

2월 23일
푸른 잎을 매단 채로 겨울을 나요. 잎겨드랑이에는 겨울눈이 있어요.

겨울눈

3월 21일
이른 봄이면 겨울눈이 벌어지면서 꽃봉오리가 나와요.

3월 29일
다른 가지의 겨울눈에서는 어린 잎가지가 나오고 있어요.

여러 송이의 꽃은 둥글게 모여 달려요.

3월 29일
잎겨드랑이에 자잘한 연노란색 꽃이 모여 피었어요.

수꽃 암꽃

암수한그루로 꽃송이 가운데에는 암꽃이 있고 둘레에 여러 개의 수꽃이 있어요.

어린 열매

4월 12일
수꽃은 모두 시들고 암꽃은 어린 열매가 되기 시작했어요.

회양목 어린 열매 관찰
5월 13일

둥근 열매는 끝에 3개의 암술대가 뿔처럼 남아 있어요.

열매를 가로로 자르면 6개의 씨앗이 만들어지는 것을 볼 수 있어요.

6월 6일
열매는 콩알보다 약간 크게 자라요.

회양목 열매 관찰

6월 6일

열매를 세로로 자르면 부엉이 얼굴처럼 보여요.

열매를 가로로 자르면 6개의 씨앗이 익고 있는 모습을 볼 수 있어요.

8월 5일

잘 익은 열매는 갈라지면서 속에 든 씨앗이 빠져 나와요.

8월 6일

열매는 윗부분이 3갈래로 갈라져 벌어지기 시작해요.

긴 타원 모양의 씨앗은 검은색이고 광택이 있어요.

12월 6일

추운 곳에서 자라는 회양목은 잎이 붉은색으로 변하지만 봄이 되면 다시 녹색으로 되돌아와요.

살펴보아요!

단단한 도장나무 회양목

회양목은 산에서 드물게 자라요. 아주 느리게 자라기 때문에 큰 나무를 보기가 힘들어요. 회양목은 나무 모양을 다듬기가 쉬워서 정원수로 많이 심는데 특히 잔디밭 둘레에 낮은 생울타리를 만든 것을 흔히 볼 수 있어요. 느리게 자라는 만큼 나무가 단단하면서도 치밀해서 조각을 하는 목재로 귀하게 여겨요. 특히 도장을 만드는 나무로 널리 쓰여서 '도장나무'라는 별명이 붙었고, 머리를 빗는 얼레빗이나 단추 등을 만들기도 해요.

회양목은?

분류 | 회양목과
자라는 모양 | 늘푸른떨기나무
높이 | 2~3m
꽃 피는 시기 | 3~4월
열매가 익는 시기 | 7~8월
자라는 곳 | 산
쓰임새 | 정원수로 심으며 흔히 생울타리를 만듦. 줄기는 도장을 만드는 재료로 쓰거나 얼레빗을 만듦.

열매에 뿔이 나 있어요!

식물의 한살이 공원에서 만나는 나무

호랑가시나무

호랑가시나무는 따뜻한 남쪽 바닷가에서 자라며 정원에도 심어요.
줄기는 가지가 많이 갈라지면서 어른 키 정도 높이까지 자라요.

2월 24일
가지 끝에 자잘한 꽃눈을 가득 달고 겨울을 나요.

4월 24일
암수딴그루로 봄에 수그루에는 자잘한 수꽃이 촘촘히 모여 피어요.

수꽃은 4장의 황록색 꽃잎 가운데에 4개의 수술이 있어요.

4월 24일
봄에 암그루에는 자잘한 암꽃이 촘촘히 모여 피어요.

암꽃은 4장의 황록색 꽃잎 가운데에 연녹색 암술이 있어요.

4월 25일
새로 자란 가지의 어린잎은 둘레의 모서리마다 길고 날카로운 가시가 있어요.

잎의 가시는 호랑이도 무서워할 만큼 날카로워요.

호랑가시나무 어린 열매 관찰

7월 30일
꽃이 진 자리에 둥근 열매가 자라고 있어요.

둥근 열매는 콩알만 하며 긴 자루 끝에 달려요.

8월 15일
어린 열매를 잘라 보면 속에 씨앗이 생기기 시작하는 것을 볼 수 있어요.

호랑가시나무 잎 관찰

7월 30일
단단한 잎은 보통 기다란 육각형이며 모서리에 날카로운 가시가 있고 광택이 나요.

잎 뒷면은 연녹색이며 매끈해요.

늘푸른나무의 잎도 몇 해가 지나면 낙엽이 져요.

10월 27일
늘푸른나무이지만 오래 묵은 잎은 노랗게 단풍이 들어요.

10월 20일
열매는 가을에 붉은색으로 익어요.

10월 27일
열매마다 세모진 타원 모양의 씨앗이 4개씩 들어 있어요.

10월 27일
가을이면 암그루는 나무 가득 붉은색 열매가 열려서 보기 좋아요.

살펴보아요!

호랑이도 무서워하는 가시 잎 호랑가시나무

호랑가시나무는 잎이 늘푸른나무로 따뜻한 남부 지방의 바닷가에서 자라요. 이 나무는 두꺼운 잎 모서리의 가시가 어찌나 날카로운지 호랑이도 무서워한다고 하여 '호랑가시나무'라고 이름 지어졌어요. 가을에 붉게 익는 동그란 열매는 겨우내 매달려 있지요. 크리스마스카드를 보면 많이 그려져 있는 가시 잎과 빨간 열매가 바로 호랑가시나무예요. 크리스마스트리를 장식하는 빨간 열매로도 많이 쓰인답니다.

호랑가시나무는?

분류 | 감탕나무과
자라는 모양 | 늘푸른떨기나무
높이 | 2~3m
꽃 피는 시기 | 4~5월
열매가 익는 시기 | 9~10월
자라는 곳 | 바닷가의 산기슭
쓰임새 | 정원수로 심으며 흔히 생울타리를 만듦. 잎과 뿌리를 몸을 튼튼하게 만드는 약재로 씀.

빨간 열매로 트리를 장식해요.

식물의 한살이 공원에서 만나는 나무

사철나무

사철나무는 바닷가에서 자라며 정원에서도 많이 볼 수 있어요.
줄기는 가지가 많이 갈라지면서 보통 아파트 1층 정도 높이로 자라요.

> 새로 자라는 어린잎은 색깔이 연녹색이에요.

2월 25일
푸른 잎을 매단 채로 겨울을 나요. 잎겨드랑이에는 달걀 모양의 겨울눈이 있어요.

4월 5일
이른 봄이면 겨울눈을 뚫고 새순이 나와요.

4월 10일
새순이 자란 가지에서 잎이 벌어지기 시작해요.

5월 15일
잎겨드랑이에서 나온 기다란 꽃가지 끝에 여러 개의 꽃봉오리가 달려요.

6월 17일
초여름이면 꽃봉오리가 벌어지면서 황록색 꽃이 피어요.

꽃송이는 꽃 밑부분에서 좌우로 1쌍의 꽃자루가 나와 각각 그 끝에 다시 꽃이 달리기를 반복해요.

암술 / 수술

6월 22일
4장의 꽃잎 가운데에 1개의 암술과 4개의 수술이 있어요.

9월 24일
꽃이 지면 꽃차례 모양대로 어린 열매가 열려요.

둥근 열매는 끝에 뾰족한 암술대가 남아 있어요.

11월 1일
열매송이는 점차 늘어지면서 붉은색으로 익기 시작해요.

열매 속에는 주황색 껍질에 싸인 씨앗이 만들어지고 있어요.

11월 20일
잘 익은 열매는 껍질이 갈라지면서 주황색 씨앗이 드러나요.

사철나무 열매와 씨앗 관찰

11월 20일

열매껍질은 4갈래로 갈라지고 주황색 씨앗은 오래 매달려 있어요.

주황색 겉껍질 속에는 흰색 씨앗이 들어 있어요.

11월 30일
겨울을 나는 푸른 잎 중에는 매서운 추위에 단풍이 들기도 해요.

1월 5일
겨울을 나는 사철나무 생울타리 위에 흰 눈이 쌓였어요.

살펴보아요!

늘푸른나무의 대표 사철나무

사철나무는 잎이 늘푸른나무예요. 우리나라에는 넓은 잎을 가진 늘푸른나무가 많이 자라지만 대부분이 따뜻한 남부 지방에서 자라요. 그렇지만 사철나무는 바닷가를 따라 중부 지방까지 올라와 자라요. 겨울 추위를 버티면서 잘 자라는 모습을 보고 사람들은 이 나무에게 늘푸른나무를 대표하는 '사철나무'란 이름을 붙여 주었어요. 꽃말도 '변함없다.'이지요. 서울과 경기도에서도 정원수로 널리 심고 있으며 생울타리를 많이 만들어요.

사철나무는?

- **분류** | 노박덩굴과
- **자라는 모양** | 늘푸른떨기나무
- **높이** | 2~6m
- **꽃 피는 시기** | 6~7월
- **열매가 익는 시기** | 10~12월
- **자라는 곳** | 바닷가의 산기슭
- **쓰임새** | 정원수로 심으며 흔히 생울타리를 만듦. 나무껍질은 오줌을 잘 나오게 하는 약재로 씀.

사철 내내 푸른 잎이에요.

식물의 한살이 공원에서 만나는 나무

단풍나무

단풍나무는 산에서 자라고 공원에도 심어요. 줄기는 굵은 가지가 많이 갈라져 퍼지고 아파트 5층 정도 높이로 자라요.

12월 17일
가지 끝에 2개의 겨울눈을 달고 겨울을 나요.

4월 13일
봄이 오면 겨울눈을 뚫고 새순이 나와요.

4월 20일
새순 속에서는 꽃봉오리와 잎이 함께 자라는 것도 있어요.

단풍나무 꽃 관찰

4월 22일

활짝 핀 수술

수술
암술

암수한그루로 수꽃에는 수술만 있어요.

한쪽에는 수술과 암술이 모두 있는 꽃이 피어요.

4월 22일
잎과 함께 자란 꽃송이는 밑으로 늘어져요.

꽃송이가 아래를 향해요!

4월 25일
꽃송이가 시들 때쯤이면 손바닥 모양의 잎이 활짝 펼쳐져요.

홍단풍

봄에 꽃이 필 때부터 가을까지 잎이 붉은색인 나무는 '홍단풍'이라고 하며 정원수로 심어요.

6월 9일
꽃이 지면 양쪽에 날개가 달린 열매가 열려요. 잎은 5~7갈래로 손바닥처럼 갈라져요.

씨앗 — 날개

10월 2일
씨앗 한쪽에는 얇은 날개가 있어서 바람에 잘 날려요.

7월 7일
여름에 돋는 새잎은 붉은빛이 돌기도 해요.

가을 단풍 중 가장 아름다워요!

11월 1일
잎은 가을에 붉은색이나 노란색으로 단풍이 들어요.

11월 12일
붉게 단풍이 든 나무는 점차 잎을 떨구고 겨울을 나요.

살펴보아요!

가을 단풍의 대표 단풍나무

가을이 되면 많은 사람은 아름답게 물든 단풍을 보고 감탄하지요. 가을 단풍 중에서 사람들의 눈길을 가장 많이 끄는 나무가 있는데 바로 단풍나무예요. 단풍이 얼마나 곱고 아름다우면 모든 나무를 대표해 '단풍나무'라는 이름을 붙여 주었을까요? 가을에 기온이 낮아지면 초록색 잎은 활동을 멈추고 대신에 붉은색이나 노란색 물감 성분이 만들어지기 때문에 잎이 붉은색이나 노란색으로 물이 드는데, 이것을 '단풍이 든다.'고 하지요.

단풍나무는?

가을에 잎이 알록달록 물들어요.

분류 | 무환자나무과
자라는 모양 | 갈잎큰키나무
높이 | 10~15m
꽃 피는 시기 | 4~5월
열매가 익는 시기 | 9~10월
자라는 곳 | 산
쓰임새 | 단풍이 아름다워 정원수로 심음. 목재는 마룻바닥을 깔거나 악기 등을 만듦.

식물의 한살이 공원에서 만나는 나무

칠엽수

칠엽수는 공원에 심어요. 곧게 자라는 줄기는 가지가 많이 갈라지고 아파트 11층 정도 높이까지 자라요.

12월 9일
겨울눈은 나뭇진으로 덮여서 벌레가 꼼짝 못해요.

4월 17일
봄이 오면 겨울눈이 벌어지면서 털로 덮인 새순이 돋아요.

새순이 자라면서 붉은색 잎이 벌어지기 시작해요.

4월 20일
새잎이 연녹색으로 변하면서 활짝 펼쳐지고 있어요.

4월 18일
잎과 함께 꽃봉오리가 나오는 겨울눈도 있어요.

5월 13일
꽃봉오리는 점차 큼직한 꽃송이로 자라요.

5월 13일
꽃송이에는 자잘한 연노란색 꽃이 촘촘히 돌려 가며 피어요.

수꽃
암꽃

암수한그루로 수꽃과 암꽃이 함께 달려요.

7월 6일
잎은 보통 7장의 작은잎이 손바닥 모양으로 돌려 붙는 손꼴겹잎이에요.

8월 16일
탁구공보다 조금 큰 열매는 겉이 매끈하고 점차 갈색으로 변해요.

열매 속에는 1~2개의 둥근 씨앗이 만들어지고 있어요.

칠엽수 열매와 씨앗 관찰

9월 23일
열매가 익으면 윗부분이 3갈래로 갈라지면서 씨앗이 나와요.

12월 28일
둥그스름한 씨앗은 밤과 모양이 비슷해요.

가시로 덮인 열매는 철퇴와 비슷해요.

10월 18일
잎은 가을에 노란색으로 단풍이 들고 점차 낙엽이 져요.

가시칠엽수
칠엽수와 비슷하지만 열매 겉이 가시로 덮여 있는 나무는 '가시칠엽수'라고 하며 정원수로 심어요.

살펴보아요!

7장의 작은잎을 가진 칠엽수

칠엽수는 고향이 일본인 나무로 가로수나 정원수로 많이 심고 있어요. '칠엽수'는 '7장의 잎을 가진 나무'라는 뜻의 한자 이름이에요. 그렇지만 실제로는 5장부터 9장까지의 작은잎이 모여 달리지요. 봄에 흰색 꽃이 핀 다음에 열리는 동그란 열매는 겉이 매끈해요. 칠엽수 중에는 동그란 열매 겉이 가시로 덮여 있는 나무도 있는데 고향이 유럽인 '가시칠엽수'예요. 가시칠엽수는 '마로니에'라고도 부르며 프랑스 이름이에요.

칠엽수는?

분류 | 무환자나무과
자라는 모양 | 갈잎큰키나무
높이 | 20m 정도
꽃 피는 시기 | 5~6월
열매가 익는 시기 | 9~10월
자라는 곳 | 길가나 공원
쓰임새 | 나무가 아름다워 가로수나 공원수로 심음. 목재로는 숯을 만듦. 씨앗은 떫은맛을 제거하고 식용함.

잎이 손바닥 모양이에요.

식물의 한살이 공원에서 만나는 나무

동백나무

동백나무는 남부 지방의 산에서 자라며 정원에서도 볼 수 있어요.
줄기는 가지가 많이 갈라지면서 아파트 3층 정도 높이로 자라요.

11월 20일
가지에 둥근 달걀 모양의 꽃눈과 길쭉한 잎눈을 달고 겨울을 나요.

1월 20일
둥근 달걀 모양의 꽃눈이 붉게 부풀어 오르기 시작했어요.

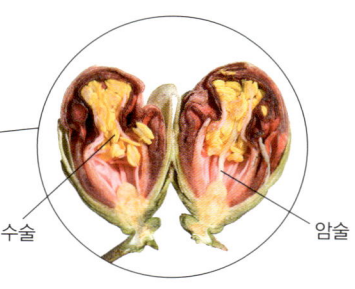

부푼 꽃눈을 잘라 보면 포개진 붉은색 꽃잎 안쪽에 암술과 노란색 꽃밥이 달린 수술이 많이 들어 있어요.

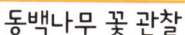

동백나무 꽃 관찰

4월 6일
이른 봄이면 붉은색 꽃이 많이 피어요.

수많은 수술은 밑부분이 붙어서 통처럼 둥글게 돼요.

4월 9일
다 자란 꽃은 꽃잎과 수술이 꽃 모양을 갖춘 채 통째로 떨어져 나가고 암술과 꽃받침만 남아요.

4월 24일
봄이 오면 잎눈이 벌어지면서 새순이 돋아요.

새순의 색깔이 변했어요!

5월 9일
새순에서 자라는 잎은 적갈색이 돌며 자라면서 점차 녹색으로 변해요.

8월 1일
여름에 자라는 새가지의 잎도 적갈색이 돌아요.

8월 1일
꽃이 진 자리에 동그스름한 열매가 열렸어요.

열매를 잘라 보면 가운데에 여러 개의 씨앗이 만들어지는 것을 볼 수 있어요.

8월 31일
탁구공보다 조금 작은 열매는 붉은색으로 변해요.

씨앗으로 짠 기름은 머릿기름으로 썼어요.

10월 14일
가을에 갈색으로 익은 열매는 세로로 갈라지면서 씨앗이 드러나요.

10월 20일
3갈래로 갈라진 열매조각은 활짝 벌어지고 진한 갈색 씨앗이 1~9개 들어 있어요.

1월 5일
동백꽃은 늦가을부터 피기 시작하며 이른 봄에 가장 많이 피어요.

살펴보아요!

동박새가 꽃가루를 옮겨 주는 동백나무

동백나무는 잎이 늘푸른나무로 따뜻한 남부 지방에서 자라지만 바닷가를 따라서는 경기도까지 올라와 자라요. 동백나무는 자라는 곳에 따라서 꽃이 피는 시기가 조금씩 달라요. 11월~다음 해 4월까지 붉게 핀 꽃을 볼 수 있는데 3~4월에 가장 많이 피어요. 대부분의 식물은 수꽃의 꽃가루를 암꽃에 옮겨 주는 역할을 벌과 같은 곤충이 도와주지요. 하지만 동백나무는 겨울에도 꽃이 피기 때문에 '동박새'라는 작은 새가 꽃가루를 옮겨 주어요.

동백나무는?

붉은색 꽃이 아름다워요!

분류 | 차나무과
자라는 모양 | 늘푸른작은키나무
높이 | 5~7m
꽃 피는 시기 | 11월~다음 해 4월
열매가 익는 시기 | 9~10월
자라는 곳 | 주로 남부 지방의 산
쓰임새 | 정원수로 심으며 씨앗에서 짠 기름은 머릿기름으로 씀.

식물의 한살이 공원에서 만나는 나무

배롱나무

배롱나무는 공원에 심어요. 줄기는 많은 가지가 갈라져서 벌어지고 아파트 2층 정도 높이로 자라요.

2월 16일
가지에 달걀 모양의 겨울눈을 달고 겨울을 나요.

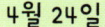

4월 24일
봄이 오면 겨울눈이 벌어지면서 돋는 새잎은 붉은빛이 돌아요.

5월 5일
새잎은 점차 자라면서 녹색으로 변해요.

6월 28일
다 자란 잎은 둥근 타원 모양이에요. 가지 끝에서는 계속 어린잎이 자라요.

7월 22일
잎은 보통 2장이 마주 달리지만 2장씩 어긋나는 것도 있어요.

8월 2일
보라색 꽃이 피는 나무도 있는데 함께 정원수로 심어요.

배롱나무 꽃 관찰

7월 26일
여름이면 가지 끝의 꽃봉오리가 벌어지기 시작해요.

7월 30일
가지 끝에 붉은색 꽃이 모여 핀 모습이 아름다워요.

6장의 붉은색 꽃잎은 우글쭈글 주름이 져요.

8월 15일
꽃이 진 자리에 어린 열매가 맺혔어요.

9월 24일
둥근 녹색 열매는 꽃받침이 남아 있어요.

열매를 잘라 보면 보통 6개의 방으로 나뉘어지고 방마다 씨앗이 만들어지고 있어요.

11월 2일
잎은 가을에 붉은색이나 노란색으로 단풍이 들어요.

잘 익은 열매는 6갈래로 갈라져요.

11월 16일
갈색으로 익은 열매는 겨울까지도 매달려 있어요.

씨앗
날개

12월 25일
벌어진 열매에서 나온 씨앗은 한쪽에 큰 날개가 있어요.

살펴보아요!

100일 동안 붉은색 꽃이 피는 배롱나무

배롱나무는 고향이 중국이지만 오래전부터 우리나라에 들여와 길렀어요. 화초로 기르는 백일홍처럼 붉은색 꽃이 100일 동안 피기 때문에 '백일홍나무'라고 부르던 것이 '배기롱나무'로 변했다가 '배롱나무'가 되었어요. 매끄러운 줄기를 긁으면 마치 간지럼을 타듯 나무 전체가 움직이기 때문에 '간지럼나무'라고도 해요. 주로 남부 지방에서 심지만 근래에는 서울에서도 심고 있어요. 보라색이나 흰색 꽃이 피는 나무도 있어요.

배롱나무는?

'백일홍나무'라고도 불러요.

분류 | 부처꽃과
자라는 모양 | 갈잎작은키나무
높이 | 3~7m
꽃 피는 시기 | 7~9월
열매가 익는 시기 | 10~11월
자라는 곳 | 길가나 공원
쓰임새 | 여름 내내 피는 꽃이 아름다워 가로수나 공원수로 심음. 잎과 열매는 기침을 멈추는 약재로 쓰고 단단한 목재는 가구를 만듦.

식물의 한살이 공원에서 만나는 나무
산딸나무

산딸나무는 산에서 자라며 공원에 심기도 해요. 곧게 자라는 줄기는 가지가 갈라져서 비스듬히 벌어지고 아파트 3층 정도 높이로 자라요.

12월 12일
가지에 원뿔 모양의 겨울눈을 달고 겨울을 나요.

4월 10일
봄이 오면 겨울눈이 벌어지면서 새순이 자라요.

4월 16일
새순이 벌어지면서 잎이 자라기 시작해요.

잎맥은 잎끝을 향해 활처럼 둥글게 휘어져요.

5월 30일
타원 모양의 잎은 끝이 뾰족해요. 가지 끝에서는 새잎이 계속 나와요.

5월 31일
다른 쪽 가지 끝에는 꽃봉오리가 자라고 있어요. 꽃봉오리는 동그랗고 둘레에는 4장의 누른빛이 도는 흰색 조각이 꽃잎처럼 보여요.

6월 17일
꽃이 활짝 피면 꽃송이 둘레의 조각은 흰색으로 변해요.

가운데의 둥근 꽃송이에는 20~30개의 연한 황록색 꽃이 모여 피어요.

6월 23일
꽃송이가 시들면 둘레의 조각은 다시 누른빛이 돌다가 떨어져 나가요.

7월 30일
꽃이 지면 꽃송이 모양대로 둥근 열매송이가 긴 자루 끝에 달려요.

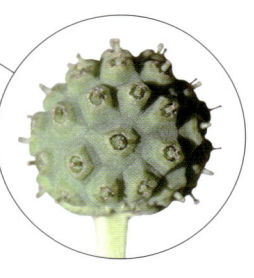

어린 열매송이는 겉이 곰보처럼 우툴두툴해요.

산딸나무 열매 관찰
9월 24일

둥근 열매송이는 가을에 노란색으로 변했다가 붉은색으로 익어요.

열매 속살은 망고처럼 부드럽고 달콤해요.

10월 10일
열매 속에는 동그스름한 씨앗이 들어 있어요.

딸기를 닮은 열매는 겉이 축구공 무늬와 비슷해요.

열매 속살은 오렌지색이며 단맛이 나고 먹을 수 있어요.

10월 20일
가을이 깊어지면 잎은 붉은색으로 단풍이 든 후에 낙엽이 져요.

살펴보아요!

산에서 딸기가 열리는 산딸나무

산딸나무는 산골짜기나 산 중턱의 습기가 있는 곳에서 잘 자라요. 늦은 봄에 가지마다 큼직한 흰색 꽃이 가득 핀 모습은 매우 아름답지요. 꽃 가운데에 있는 동그란 꽃송이를 자세히 보면 4장의 황록색 꽃잎을 가진 작은 꽃이 촘촘히 달린 것을 볼 수 있어요. 꽃송이 바깥에 있는 4장의 흰색 꽃잎처럼 보이는 것은 꽃송이를 받치고 있는 조각이에요. 산에서 자라며 열매가 딸기와 비슷하고 맛도 달콤해서 '산딸나무'라고 해요.

산딸나무는?

열매가 딸기를 닮았어요.

- **분류** | 층층나무과
- **자라는 모양** | 갈잎작은키나무
- **높이** | 7m 정도
- **꽃 피는 시기** | 5~6월
- **열매가 익는 시기** | 9~10월
- **자라는 곳** | 산
- **쓰임새** | 꽃이 아름다워 공원수로 심음. 단단한 목재는 도구를 만듦.

식물의 한살이 공원에서 만나는 나무

개나리

개나리는 산기슭에서 자라며 정원에 심기도 해요. 모여나는 줄기는 가지가 많이 갈라져서 비스듬히 퍼지고 어른 키보다 약간 높게 자라요.

꽃이 필 때 잎은 아직 돋지 않아요.

12월 16일
가지에 긴 타원 모양의 겨울눈을 달고 겨울을 나요.

4월 10일
봄이 오면 겨울눈이 벌어지면서 꽃봉오리가 먼저 나와요.

4월 12일
가지 가득 노란색 꽃이 피었어요.

종 모양의 꽃은 4갈래로 깊게 갈라져 벌어져요.

4월 15일
꽃이 시들 무렵이면 잎이 나와 자라기 시작해요.

4월 16일
꽃이 진 자리에 드물게 열매가 맺혀요.

어린 열매

개나리 잎 관찰

5월 18일

크게 자란 잎은 긴 타원 모양이고 끝이 뾰족해요.

새로 나온 가지의 잎 중에는 잎몸이 3갈래로 깊게 갈라지는 것도 있어요.

6월 28일
열매가 달걀 모양으로 자랐어요.

열매 가운데에 씨앗이 모여 있어요.

6월 28일
열매를 잘라 보면 가운데에서 씨앗이 촘촘히 만들어지는 것을 볼 수 있어요.

9월 30일
열매는 가을에 진한 갈색으로 익으면 둘로 갈라지면서 씨앗이 나와요.

10월 30일
자잘한 씨앗은 길쭉하고 갈색이에요.

10월 2일
잎은 가을에 적갈색이나 노란색으로 단풍이 들어요.

10월 3일
가을에 날씨가 포근한 날이면 개나리는 계절을 잘못 알고 꽃을 피우기도 해요.

11월 12일
단풍이 든 나무는 점차 낙엽이 지고 앙상한 모습으로 겨울을 나요.

살펴보아요!

봄 소식을 전하는 황금종 개나리

개나리는 전 세계에서 오직 우리나라에서만 자라는 우리 특산나무예요. 양지바른 산기슭에서 드물게 자라며 생울타리로 심은 것을 흔히 볼 수 있어요. 봄에 잎이 돋기 전에 나무 가득 피는 종 모양의 노란색 꽃은 4갈래로 갈라져요. 서양 사람들은 이 꽃을 보고 '골든 벨(Golden Bell)'이라고 부르는데 '황금종'이라는 뜻의 이름이에요. 개나리는 가지 가득 꽃이 피지만 열매는 잘 맺지 못하기 때문에 열매를 보기가 어려워요.

개나리는?

개나리 꽃은 십자 모양!

분류 | 물푸레나무과
자라는 모양 | 갈잎떨기나무
높이 | 3m 정도
꽃 피는 시기 | 4월
열매가 익는 시기 | 9~10월
자라는 곳 | 산에서 드물게 자람.
쓰임새 | 꽃이 아름다워 정원수로 심는데 특히 생울타리를 많이 만듦. 열매는 열을 내리는 약재로 이용함.

식물의 한살이 공원에서 만나는 나무

미선나무

미선나무는 산기슭에서 드물게 자라며 정원에 심기도 해요. 모여나는 줄기는 가지가 많이 갈라져서 비스듬히 퍼지고 어른 키 정도 높이로 자라요.

12월 12일
가지 끝은 말라 죽고 잎눈은 둥근 달걀 모양이에요.

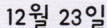

12월 23일
자잘한 둥근 꽃눈은 자줏빛이 돌며 가지에 달린 채로 겨울을 나요.

4월 8일
봄이 오면 꽃눈이 벌어지면서 흰색 꽃봉오리가 자라요.

미선나무 꽃 관찰

4월 13일

잎이 돋기 전에 가지 가득 흰색 꽃이 피었어요.

흰색 꽃은 4갈래로 깊게 갈라져서 벌어져요.

드물게 5갈래로 갈라지는 꽃도 볼 수 있어요.

분홍미선
드물게 분홍색 꽃이 피는 나무도 있는데 '분홍미선'이라고 해요.

4월 15일
꽃이 시들 때쯤 잎눈을 뚫고 새순이 나와요.

4월 25일
어린잎은 연녹색이며 붉은빛이 살짝 돌아요.

4월 26일
꽃이 진 자리에서는 어린 열매가 자라기 시작해요.

미선나무 열매와 씨앗 관찰

5월 30일
동글납작한 열매는
끝부분이 오목하게 들어가요.

8월 30일
가을이 가까워지면 열매는
갈색으로 익기 시작해요.

7월 8일
가지에 마주나는 잎은 달걀
모양이며 끝이 뾰족하고
잎자루가 짧아요.

10월 2일
납작한 열매는 날개처럼
가볍고 가운데에 2개의
씨앗이 들어 있어요.

10월 11일
납작한 씨앗은
긴 타원 모양이에요.

10월 11일
잎은 가을에
불그스레하게
단풍이 들어요.

열매를 살짝 뚫고 씨앗을 찾아볼까?

 **살펴보아요!**

둥근 부채 모양의 열매가 열리는 미선나무

미선나무는 전 세계에서 오직 우리나라에서만 자라는 우리 특산나무예요. 충북과 전북의 산기슭에서 드물게 자라기 때문에 법으로 희귀식물로 정하고 자라는 곳을 보호하고 있어요. 미선나무는 꽃 모양이 개나리와 비슷하지만 흰색인 점만 달라요. 꽃이 지면 동글납작한 열매가 열리지요. 이 열매가 '미선'이라고 하는 '둥근 부채'처럼 생겼기 때문에 '미선나무'라고 해요. 미선은 용왕님 곁에 있는 시녀가 들고 있는 부채랍니다.

미선나무는?

열매 모양이 특이해요!

분류 | 물푸레나무과
자라는 모양 | 갈잎떨기나무
높이 | 1~2m
꽃 피는 시기 | 3~4월
열매가 익는 시기 | 9~10월
자라는 곳 | 산에서 드물게 자람.
쓰임새 | 꽃이 아름다워 정원수로 심는데 특히 생울타리를 많이 만듦. 가지를 꽃꽂이 재료로도 이용함.

식물의 한살이 생활에 요긴하게 쓰이는 나무

밤나무

밤나무는 산에서 자라며 과일나무로 심어 기르기도 해요.
굵은 가지가 퍼지는 줄기는 아파트 5층 정도 높이로 자라요.

12월 12일
가지에 달걀 모양의
겨울눈을 달고
겨울을 나요.

4월 13일
봄이 오면 겨울눈이
벌어지면서 새순이
나와 자라요.

5월 3일
새로 돋은 잎은 주름이 지고
가지에 서로 어긋나게 달려요.

5월 26일
잎은 긴 타원 모양이며
끝이 뾰족해요.

5월 28일
가지 끝의 잎 밑부분에서
기다란 꽃봉오리가 나왔어요.

6월 9일
기다란 꽃송이에는 자잘한
연노란색 꽃이 가득 달려요.

밤나무 꽃송이 관찰

6월 18일

암수한그루로 꽃송이에
촘촘히 붙는 수꽃은 10여 개의
수술이 길게 벋어요.

암꽃은 기다란 꽃송이의
밑부분에 1~3개가 달려요.

시든 수꽃송이
갓 맺힌 열매

7월 3일
기다란 수꽃송이는
시들면 점차 떨어져 나가고
밑부분의 암꽃은 열매로 변해요.

열매를 잘라 보면 껍질은 가시로 덮여 있고 속에서 씨앗이 만들어져요.

7월 22일
어린 열매는 날카로운 가시로 촘촘히 덮여 있어요.

10월 20일
잎은 가을에 노란색으로 단풍이 들어요.

9월 20일
열매는 가을에 누렇게 익으면 껍질 윗부분이 갈라지면서 벌어지기 시작해요.

씨앗을 보호하기 위해 가시로 된 갑옷을 입고 있어요.

껍질은 보통 4갈래로 갈라지며 속에는 1~3개의 씨앗인 '밤'이 들어 있어요.

11월 12일
가을에 누렇게 물든 단풍잎은 점차 낙엽이 져요.

살펴보아요!

다산과 부귀의 상징 밤나무

밤나무는 산에서 자라며 옛날부터 마을 주변에서 과일나무로 길러 왔어요. 6월에 피는 황백색 꽃은 향기가 진하고 꿀이 많아서 벌을 길러서 꿀을 많이 얻지요. 씨앗인 밤은 대표적인 과일로 구워 먹거나 쪄서 먹어요. 밤은 음식에도 들어가고 생밤은 조상들을 기리는 제사상에도 올라가요. 밤은 옛날부터 자식을 많이 낳는 다산과 부귀를 상징해서 지금도 결혼식이 끝난 후에 폐백을 할 때 신부에게 대추와 함께 밤을 던져 주지요.

밤나무는?

분류 | 참나무과
자라는 모양 | 갈잎큰키나무
높이 | 15m 정도
꽃 피는 시기 | 6월
열매가 익는 시기 | 9~10월
자라는 곳 | 산
쓰임새 | 고소한 씨앗은 먹거나 약으로 쓰며 나무는 집을 짓는 목재로 사용함. 산에서 재배함.

구워 먹을까? 쪄서 먹을까?

식물의 한살이 생활에 요긴하게 쓰이는 나무

산뽕나무

산뽕나무는 산에서 자라요. 줄기는 가지가 많이 갈라지고 아파트 4층 정도 높이로 자라요.

어린 꽃봉오리는 적갈색이 돌지만 점차 색깔이 옅어져요.

12월 7일
가지에 달걀 모양의 겨울눈을 달고 겨울을 나요. 잎이 떨어진 자국은 동그스름한 모양이에요.

4월 21일
봄이 오면 겨울눈에서 꽃봉오리가 부풀어요.

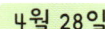

4월 28일
또 다른 겨울눈에서 새잎이 돋아나고 있어요.

산뽕나무 꽃송이 관찰

5월 11일

암수딴그루로 원통 모양의 수꽃송이는 꽃이 피면 밑으로 늘어져요.

둥근 타원 모양의 암꽃송이는 수꽃송이보다 작아요.

암꽃송이에는 여러 개의 암꽃이 촘촘히 모여 달려요.

6월 6일
암꽃송이 모양대로 어린 열매가 열렸어요.

6월 12일
타원 모양의 열매가 익기 시작했어요.

6월 25일
열매는 붉은색으로 변했다가 검은색으로 익는데 '오디'라고 부르며 달고 맛있어요.

7월 5일
달걀 모양의 잎은 잎몸이 갈라지기도 하며 끝이 뾰족해요.

뽕나무
뽕나무는 잎끝이 덜 뾰족해서 구분할 수 있어요. 잎으로 누에를 길러서 비단 옷감을 만들어요.

10월 17일
잎은 벌레가 갉아 먹기도 해요.

10월 24일
잎은 가을에 노란색으로 단풍이 들어요.

1월 13일
잎을 떨군 나무는 그대로 겨울을 나요.

살펴보아요!

누에를 쳐서 비단 옷감을 얻는 산뽕나무

뽕나무는 잎을 이용해 누에를 길러서 명주실을 뽑아내요. 명주실로 짠 옷감은 '비단'이라고 하는데 지금도 가장 고급 옷감으로 인기가 높지요. 뽕나무 열매는 '오디'라고 하며 먹으면 방귀를 뽕뽕 뀌어서 '뽕나무'란 이름을 얻었어요. 산뽕나무는 뽕나무와 가까운 형제 나무로 산에서 저절로 자라요. 산뽕나무 잎도 누에의 먹이로 쓰고 오디 열매도 따서 먹어요. 산뽕나무 잎은 잎마다 갈라지는 정도가 불규칙해서 모양이 제각각이에요.

산뽕나무는?

방귀 뽕뽕 뽕나무~

분류 | 뽕나무과
자라는 모양 | 갈잎큰키나무
높이 | 6~15m
꽃 피는 시기 | 4~5월
열매가 익는 시기 | 6월
자라는 곳 | 산
쓰임새 | 오디 열매는 날로 먹고 잼을 만듦. 잎으로 누에를 길러서 비단 옷감을 얻음.

식물의 한살이 생활에 요긴하게 쓰이는 나무

매실나무

매실나무는 공원에서 자라거나 밭에서 길러요.
줄기는 가지가 많이 갈라지고 아파트 2층 정도 높이로 자라요.

12월 22일
가을에 낙엽이 진 가지에 동그스름한 겨울눈을 달고 겨울을 나요.

3월 22일
이른 봄이면 잎이 돋기 전에 겨울눈에서 꽃봉오리가 먼저 나와요.

만첩흰매실
흰색 겹꽃이 피는 '만첩흰매실'은 정원수로 심어요.

매실나무 꽃 관찰

3월 25일

이른 봄에 가지 가득 피는 흰색 꽃은 향기가 좋아요.

5장의 흰색 꽃잎 가운데에 암술과 많은 수술이 모여 있어요.

홍매실
붉은색 꽃이 피는 '홍매실'은 정원수로 심어요.

4월 13일
꽃이 시들 때쯤 새잎이 돋기 시작해요.

4월 24일
묵은 꽃받침과 수술이 벗겨지면서 어린 열매가 자라기 시작해요.

5월 14일
연녹색으로 자라는 열매는 '매실'이라고 하며 부드러운 털로 덮여 있어요.

5월 14일
두꺼운 열매살 속에는 1개의 씨앗이 만들어지고 있어요.

6월 19일
다 자란 열매는 탁구공보다 조금 작아요.

7월 4일
잎은 타원 모양이거나 달걀 모양이며 끝이 뾰족해요.

흠! 씨앗에는 깨알처럼 작은 구멍이 많군.

6월 28일
열매는 초여름에 누런색으로 익어요.

10월 20일
열매살과 잘 떨어지지 않는 씨앗은 작은 구멍이 많아요.

11월 12일
잎은 가을에 노란색~황적색으로 단풍이 들어요.

살펴보아요!

향기롭고 아름다운 꽃이 피는 매실나무

매실나무는 고향이 중국인 나무이지만 오래전에 우리나라에 들여와 길렀어요. 중국에서는 '매'라고 부르는데 우리나라에서는 아름다운 꽃을 보려고 정원에 심어 놓고 '매화나무'라고 불렀어요. 그러다가 열매인 '매실'의 쓰임새가 커지자 '매실나무'라고도 부르면서 2가지 이름을 갖게 되었어요. 누렇게 익은 열매는 시어서 날로 잘 먹지 않고 술을 담그거나 음료수를 만들어 마시고, 매실장아찌를 담가서 반찬으로 먹어요.

매실나무는?

'매화나무'라고도 해요.

분류 | 장미과
자라는 모양 | 갈잎작은키나무
높이 | 5m 정도
꽃 피는 시기 | 2~4월
열매가 익는 시기 | 6~7월
자라는 곳 | 공원수로 심거나 밭에서 기름.
쓰임새 | 봄에 꽃을 보려고 공원수로 심음. 열매는 소화를 돕는 약으로 씀.

식물의 한살이 생활에 요긴하게 쓰이는 나무

복숭아나무

복숭아나무는 산기슭에서 자라거나 밭에서 길러요.
줄기는 가지가 많이 갈라지고 아파트 2층 정도 높이로 자라요.

12월 14일
가지에 긴 달걀 모양의 겨울눈을 달고 겨울을 나요.

4월 28일
봄에 잎보다 먼저 분홍색 꽃봉오리가 부풀어요.

4월 30일
꽃봉오리가 부풀어 오를 때쯤 새잎도 자라기 시작해요.

복숭아나무 꽃 관찰

5월 4일

암술 수술

가지 가득 분홍색 꽃이 핀 모습은 매우 아름다워요.

5장의 분홍색 꽃잎은 활짝 벌어져요.

꽃을 잘라 보면 가운데에 1개의 암술이 있고 둘레에 많은 수술이 있어요.

만첩홍도
겹꽃이 피는 '만첩홍도'는 정원수로 심어요.

5월 14일
꽃이 지면 작은 열매가 열려요.

5월 20일
활짝 벌어진 잎은 좁고 긴 타원 모양이고 끝이 뾰족해요.

5월 25일
묵은 꽃받침과 수술이 벗겨지면서 어린 열매가 자라기 시작해요.

6월 18일
연녹색으로 자라는 열매는 부드러운 털로 덮여 있어요.

어린 씨앗

열매살 가운데에 큼직한 씨앗이 만들어지고 있어요.

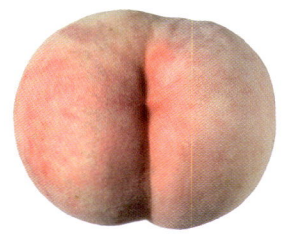

8월 24일
황적색으로 익는 열매를 '복숭아'라고 해요. 열매는 달콤하고 즙이 많으며 과일로 먹어요.

복숭아나무 씨앗 관찰

10월 2일

주름이 지는 동글납작한 씨앗은 끝이 뾰족해요.

단단한 씨앗껍질을 깨면 속에 타원 모양의 속씨가 들어 있어요.

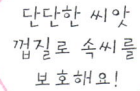
단단한 씨앗 껍질로 속씨를 보호해요!

10월 23일
가을이 오면 잎은 붉은색이나 노란색으로 단풍이 들고 낙엽이 져요.

살펴보아요!

손오공이 열매를 훔쳐 먹은 복숭아나무

복숭아나무는 고향이 중국인 나무이지만 오래전부터 우리나라에서 과일나무로 길렀어요. 복숭아나무는 산에서 저절로 자라기도 하며 '복사나무'라고도 해요. 중국에는 열매인 복숭아와 관련된 옛이야기가 많이 전해 오는데 손오공은 하늘의 복숭아를 훔쳐 먹고 큰 힘을 갖게 되었다고 해요. 또 동방삭이란 사람은 전설에 나오는 신선인 서왕모의 복숭아 3개를 훔쳐 먹고 3천 년이나 살았다고 해요. 그래서 복숭아를 먹으면 오래 산다고 전해 와요.

복숭아나무는?

분류 | 장미과
자라는 모양 | 갈잎작은키나무
높이 | 3~6m
꽃 피는 시기 | 4~5월
열매가 익는 시기 | 7~8월
자라는 곳 | 산기슭에서 자라며 밭에서 기름.
쓰임새 | 열매는 과일로 먹고 씨앗은 기침을 멈추는 약으로 씀.

맛있는 복숭아가 열려요.

식물의 한살이 생활에 요긴하게 쓰이는 나무

아까시나무

아까시나무는 산에서 자라요. 곧게 자라는 줄기는
가지가 많이 갈라지고 아파트 8층 정도 높이로 자라요.

12월 14일
낙엽이 진 가지에는
날카로운 가시가 있어요.

4월 10일
봄이 오면 겨울눈을
뚫고 새순이 돋아요.

4월 20일
새순이 자라면서 잎이
벌어지기 시작해요.

4월 23일
잎이 펼쳐지는 새가지
끝에 작은 꽃봉오리가
나오기 시작해요.

5월 10일
꽃봉오리는 크게 자라면서
점차 밑으로 늘어져요.

5월 15일
꽃송이에 흰색 꽃이
피기 시작했어요.

아까시나무 꽃 관찰

5월 15일

나비 모양의 흰색 꽃은
옆을 보고 피어요.

꽃잎 안쪽에 암술과
수술이 들어 있어요.

6월 5일
시든 꽃잎 사이로
어린 열매가 자라기
시작해요.

6월 19일
잎은 여러 장의 작은잎이
마주붙는 깃꼴겹잎이에요.

7월 25일
꽃송이 모양대로 길고 납작한 꼬투리열매가 열려요.

9월 5일
가을이 되면 꼬투리열매는 갈색으로 익어요.

10월 24일
잎은 가을에 노란색으로 단풍이 들어요.

씨앗은 꼬투리 한쪽 가장자리에 나란히 달려요.

11월 21일
꼬투리열매는 겨울까지도 매달려 있어요.

아까시나무 열매와 씨앗 관찰
12월 6일

꼬투리열매 속에는 5~10개의 씨앗이 나란히 들어 있어요.

씨앗은 작은 콩팥처럼 생겼어요.

살펴보아요!

꿀을 가장 많이 얻는 아까시나무

아까시나무는 고향이 미국인 나무로 산과 들에서 흔히 자라요. 봄에 늘어지는 흰색 꽃송이에서 향긋한 냄새가 나요. 꽃에는 꿀이 많아서 벌을 이용해 달콤한 꿀을 가장 많이 얻지요. 〈과수원길〉이라는 동요를 보면 '동구 밖 과수원길 아카시아 꽃이 활짝 폈네~'라는 가사로 시작하는데 '아카시아'가 바로 아까시나무예요. 예전에 영어 이름의 일부를 따서 '아카시아'라고 불렀는데 열대 지방에 진짜 아카시아가 자라고 있어서 이름을 바꾼 거예요.

아까시나무는?

향기로운 꽃이 피어요.

분류 | 콩과
자라는 모양 | 갈잎큰키나무
높이 | 15~25m
꽃 피는 시기 | 5~6월
열매가 익는 시기 | 9~10월
자라는 곳 | 산과 들
쓰임새 | 헐벗은 산에 많이 심음. 꽃에는 꿀이 많아서 벌을 쳐서 꿀을 얻음. 나무는 땔감으로 씀.

식물의 한살이 생활에 요긴하게 쓰이는 나무

탱자나무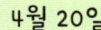

탱자나무는 마을에서 울타리로 많이 심어요. 줄기는 여러 대가 모여나 가지가 많이 갈라지고 아파트 1층 정도 높이로 자라요.

탱자나무 꽃 관찰

12월 22일
낙엽이 진 녹색 가지에는 날카로운 가시가 있어요.

4월 20일
봄이면 동그스름한 겨울눈이 벌어지면서 꽃봉오리가 나와요.

4월 24일

잎이 돋기 전에 피는 꽃은 5장의 흰색 꽃잎이 서로 떨어져 있어요.

수술 / 암술

꽃 가운데에 있는 1개의 암술을 많은 수술이 둘러싸고 있어요.

4월 29일
꽃이 질 때쯤이면 잎이 나와 자라기 시작해요.

5월 15일
꽃이 진 자리에 동그스름한 열매가 맺혔어요.

7월 6일
잎은 잎자루에 3장의 작은잎이 모여 달리는 세겹잎이에요.

7월 30일
크게 자란 열매는 탁구공보다 약간 작고 겉에 털이 있어요.

열매 속은 여러 개의 방으로 나뉘어지고 방마다 씨앗이 만들어져요.

10월 15일
가을에 열매가 노랗게 익었어요. 열매는 향기가 좋지만 써서 먹지는 못해요.

열매 속은 열매살로 가득 차 있고 씨앗이 많아요.

10월 30일
달걀 모양의 씨앗은 약간 납작해요.

아이, 써!

귤
비슷한 열매를 맺는 귤은 남쪽 섬에서 재배해요. 가지에 가시가 없고 과일로 먹어요. 열매 속에 씨앗이 없어요.

10월 4일
가을이면 잎도 열매처럼 누렇게 변하기 시작해요.

10월 25일
노랗게 물든 단풍잎은 하나둘 낙엽이 지기 시작해요.

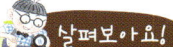 살펴보아요!

튼튼한 가시 울타리를 만드는 탱자나무

탱자나무는 마을에서 심어 길러요. 녹색 줄기에 날카로운 가시가 많아서 생울타리를 만들면 누구도 들어올 수 없는 튼튼한 가시 울타리가 되지요. 그래서 과수원의 울타리로 많이 심어요. 탱자나무 열매는 우리가 과일로 먹는 '귤'과 모양과 색깔이 비슷하지만 겉에 털이 있어서 구분할 수 있어요. 열매살은 너무 쓰고 시어서 먹을 수가 없어요. 쓸모 없는 열매에 비유해서 할 일 없이 게으름을 피울 때 '탱자 탱자 논다.'라고 하지요.

탱자나무는?

열매가 귤과 비슷해요!

분류 | 운향과
자라는 모양 | 갈잎떨기나무
높이 | 3~4m
꽃 피는 시기 | 4~5월
열매가 익는 시기 | 9~10월
자라는 곳 | 마을에 심어 기름.
쓰임새 | 가시가 많은 나무를 생울타리로 심음. 익지 않은 푸른 열매를 위를 튼튼하게 하는 약재로 씀.

식물의 한살이 생활에 요긴하게 쓰이는 나무

삼지닥나무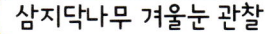

삼지닥나무는 남부 지방의 공원에 심거나 밭에서 길러요.
줄기는 가지가 많이 갈라지고 어른 키 정도 높이로 자라요.

삼지닥나무 겨울눈 관찰

12월 22일

가지 끝의 잎눈은 뾰족하고 털에 싸여서 겨울을 나요.

동그스름한 꽃눈도 은백색 털에 싸여서 겨울을 나요.

꽃눈을 가로로 잘라 보면 이미 많은 꽃이 준비되어 있는 것을 볼 수 있어요.

2월 24일

미리 준비되어 있기 때문에 2월 말이면 벌써 꽃봉오리가 벌어지기 시작해요.

3월 24일

노란색 꽃은 잎보다 먼저 피어요. 가지는 보통 3갈래로 갈라져요.

30~50개의 꽃은 보통 가장자리부터 차례대로 피어 들어가요.

3월 30일

대롱 모양의 꽃은 끝부분이 4갈래로 갈라져 벌어져요.

붉은꽃삼지닥나무

붉은색 꽃이 피는 '붉은꽃삼지닥나무'는 정원수로 심어요.

4월 26일

꽃송이가 시들 때쯤 가지 끝의 잎눈에서 잎이 자라기 시작해요.

5월 16일

시든 꽃송이는 오래 달려 있고 밑부분에서 열매가 맺히기 시작해요.

6월 18일
잎은 좁고 긴 타원 모양이에요.
열매가 자라면서 시든 꽃잎은
점차 떨어져 나가요.

동그스름한 초록색
열매는 털로 덮여 있어요.

7월 8일
열매는 초여름에 익는데
익어도 그대로 녹색이고
털로 덮여 있어요.

씨앗이
내 눈 모양과
닮았네!

8월 15일
달걀 모양의
검은색 씨앗은
한쪽 끝이 뾰족해요.

12월 8일
잎은 늦가을에 노란색으로
단풍이 들고 가지에는 새로
만든 겨울눈이 달려 있어요.

12월 10일
겨울이 되면 노랗게 물든
단풍잎을 점차 떨구고 겨울을 나요.

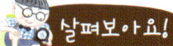 살펴보아요!

가지가 셋으로 갈라지는 닥나무 삼지닥나무

삼지닥나무는 고향이 중국인 나무로 따뜻한 남부 지방에서 정원수로 많이 심어요. 삼지닥나무의 '삼지'는 '가지가 셋으로 갈라진다.'는 뜻으로 이 나무는 가지가 셋으로 갈라지는 것이 많아요. 닥나무는 나무껍질로 창호지와 같은 한지를 만드는데 삼지닥나무도 나무껍질을 닥나무처럼 한지를 만드는 재료로 쓰지요. 그래서 '삼지닥나무'란 이름을 얻었어요. 지금도 한지를 만들기 위해 남부 지방에서 삼지닥나무를 재배하는 곳이 있어요.

삼지닥나무는?

노란색 꽃이
화사해요!

분류 | 팥꽃나무과
자라는 모양 | 갈잎떨기나무
높이 | 1~2m
꽃 피는 시기 | 3~4월
열매가 익는 시기 | 7월
자라는 곳 | 공원이나 밭
쓰임새 | 남부 지방의 밭에서 재배하며 꽃이 아름다워 정원수로 심음. 나무껍질은 창호지와 같은 한지를 만드는 재료로 쓰임.

식물의 한살이 생활에 요긴하게 쓰이는 나무

석류나무

석류나무는 공원에 심거나 밭에서 길러요. 줄기는 많은 가지가 갈라져서 비스듬히 벌어지고 아파트 2층 정도 높이로 자라요.

12월 2일
가지에 달걀 모양의 겨울눈을 달고 겨울을 나요. 가지 끝은 가시로 변하기도 해요.

4월 25일
봄이 오면 겨울눈이 벌어지면서 붉은빛이 도는 새잎이 돋아요.

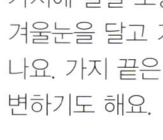

새잎이 자라면서 붉은빛은 점차 없어져요.

4월 28일
새잎은 좁고 긴 타원 모양으로 자라요.

6월 5일
초여름에 가지 끝에 붉은색 꽃봉오리가 맺혔어요.

6월 17일
꽃봉오리가 벌어지면서 붉은색 꽃이 피어요.

6월 22일
꽃이 지면 꽃잎은 시들고 꽃받침은 그대로 남아요.

석류나무 꽃 관찰

6월 17일

6장의 붉은색 꽃잎은 주름이 지고 조금 벌어져요.

통 모양의 붉은색 꽃받침은 6갈래로 갈라지고 두툼해요.

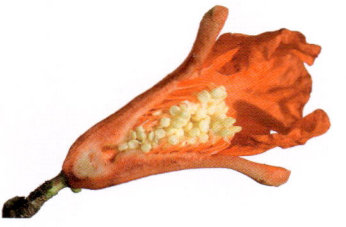

꽃을 잘라 보면 안에 암술과 많은 노란색 수술이 들어 있어요.

어린 열매

7월 7일
꽃받침 밑부분이 둥글게 부풀어 오르는데 이 부분이 어린 열매예요.

7월 19일
열매는 둥글게 자라고 끝부분의 꽃받침은 그대로 남아 있어요.

열매를 잘라 보면 속에서는 흰색 씨앗이 많이 만들어지고 있어요.

석류나무 열매 관찰

9월 3일
열매는 '석류'라고 하며 가을이 오면 점차 붉은색으로 익어요.

9월 15일
열매 속의 씨앗을 싸고 있는 붉은색 살은 즙이 많고 달콤해서 과일로 먹어요.

11월 21일
늦가을이면 잎은 노란색으로 단풍이 들고 낙엽이 져요.

살펴보아요!

여성에게 좋은 열매를 맺는 석류나무

석류나무는 고향이 서남아시아로 옛날에 우리나라에 들어왔어요. 추위에 약해서 주로 남부 지방에서 정원수로 심으며 열매는 과일로 먹지요. 둥근 열매는 끝에 꽃받침이 뾰족하게 남아 있어요. 잘 익은 열매를 자르면 여러 개로 나뉜 방마다 많은 씨앗이 들어 있어요. 흰색 씨앗은 붉은색이 도는 열매살에 싸여 있는데 열매살은 즙이 많으면서도 달콤해서 씨앗째 씹어 먹어요. 열매인 석류는 여자에게 필요한 성분이 들어 있어서 특히 여자가 먹으면 좋대요.

석류나무는?

분류 | 부처꽃과
자라는 모양 | 갈잎작은키나무
높이 | 5~6m
꽃 피는 시기 | 5~6월
열매가 익는 시기 | 9~10월
자라는 곳 | 공원에서 기르거나 밭에서 재배함.
쓰임새 | 열매는 과일로 먹으며 열매껍질은 설사를 멈추는 약재로 씀. 꽃과 열매가 아름다워 정원수로도 심음.

빨간 열매가 달콤해요.

식물의 한살이 생활에 요긴하게 쓰이는 나무

산수유

산수유는 밭둑에 심어 기르며 공원에 심기도 해요.
줄기는 가지가 갈라져서 퍼지고 아파트 3층 정도 높이까지 자라요.

산수유 겨울눈 관찰

12월 7일

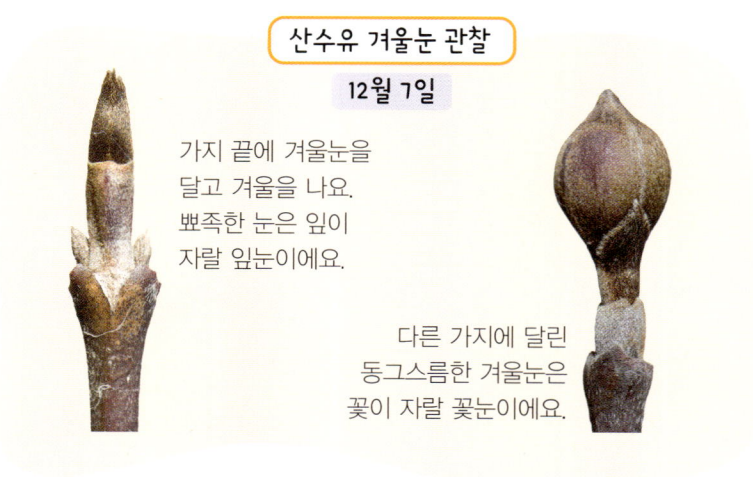

가지 끝에 겨울눈을 달고 겨울을 나요. 뾰족한 눈은 잎이 자랄 잎눈이에요.

다른 가지에 달린 동그스름한 겨울눈은 꽃이 자랄 꽃눈이에요.

3월 25일

이른 봄에 꽃눈이 벌어지면서 노란색 꽃봉오리들이 고개를 내밀어요.

3월 30일

가지 가득 노란색 꽃이 피었어요. 아직 잎은 돋지 않았어요.

꽃송이마다 20~30개의 꽃이 우산살이 갈라진 것처럼 피어나요.

4월 12일

꽃이 시들 때쯤이면 잎눈이 벌어지면서 새잎이 돋기 시작해요.

4월 13일

시든 꽃송이 밑부분에서도 새잎이 자라기 시작해요.

4월 28일

새잎이 모양을 갖출 때쯤이면 어린 열매도 하나둘 맺히기 시작해요.

5월 26일

타원 모양의 잎은 끝이 뾰족해요. 열매는 점점 커지고 있어요.

6월 23일
타원 모양의 열매는 긴 자루에 매달려요.

9월 30일
가을이면 열매는 점차 노란색으로 변하면서 익기 시작해요.

10월 30일
잎은 붉은색으로 단풍이 들었다가 낙엽이 져요.

산수유 열매와 씨앗 관찰

10월 24일

열매는 맛이 시고 떫어서 날로 먹기 힘들어요.

가을이 깊어지면 열매는 붉은색으로 익어요.

타원 모양의 열매는 광택이 있으며 열매살 속에는 1개의 씨앗이 들어 있어요.

씨앗은 긴 타원 모양이에요.

열매가 요긴한 대학나무 산수유

산수유는 고향이 중국인 나무로 오래전부터 우리나라에서 심어 길렀어요. 가을에 빨갛게 익는 열매를 따서 씨앗을 발라내고 햇볕에 잘 말려서 한약재로 쓰는데 몸을 튼튼하게 하고 기운을 북돋우는 데 좋다고 해요. 또 열매로 차를 끓여 마시거나 술을 담그기도 하지요. 열매는 인기가 좋기 때문에 예전에는 산수유 몇 그루만 있으면 수확한 열매를 판 돈으로 자녀를 대학까지 보낼 돈을 마련할 수가 있어서 '대학나무'라고도 했어요.

산수유는?

꽃이 우산살 모양이에요!

분류 | 층층나무과
자라는 모양 | 갈잎작은키나무
높이 | 4~8m
꽃 피는 시기 | 3~4월
열매가 익는 시기 | 9~11월
자라는 곳 | 밭둑에 심어 기름.
쓰임새 | 꽃이 아름다워 공원수로 심음. 열매는 몸을 튼튼하게 하는 약재로 씀.

식물의 한살이 생활에 요긴하게 쓰이는 나무

감나무

감나무는 밭에 심어 기르며 집 마당에도 많이 심어요.
줄기는 가지가 갈라져서 퍼지고 아파트 5층 정도 높이로 자라요.

2월 26일
가지에 달걀 모양의 겨울눈을 달고 겨울을 나요.

4월 24일
봄이 오면 겨울눈이 벌어지면서 새순이 자라요.

5월 14일
새순이 자란 잎은 타원 모양이며 끝이 뾰족해요.

감나무 암꽃과 수꽃 관찰

암꽃은 1개씩 달려요!

6월 4일
암수한그루로 가지에 연노란색 암꽃이 피었어요.

암술 / 꽃받침 / 꽃잎

종 모양의 암꽃은 4갈래로 갈라져 벌어지고 밑의 커다란 녹색 꽃받침도 4갈래로 갈라져요.

6월 6일
다른 가지에 핀 종 모양의 수꽃은 꽃받침이 작아요.

7월 7일
암꽃이 진 자리에 어린 열매가 맺혔어요.

어린 열매 밑부분에는 꽃받침이 그대로 남아 있어요.

7월 7일
여름에 자라는 새가지의 잎은 적갈색이 돌아요.

요즘은 먹기 편하도록 씨앗이 거의 없는 품종이 많아요.

8월 2일
여름이 되면 둥근 열매는 점점 크게 자라요.

9월 24일
열매는 가을이 되면 붉은색으로 익는데 단단해요.

열매를 잘라 보면 가운데에 빙 둘러 가며 씨앗이 들어 있어요.

11월 2일
열매는 '감'이라고 하며 오래 두면 말랑말랑해지는데 흔히 '홍시'라고 불러요.

11월 2일
잎은 가을에 불그스름하게 단풍이 들어요.

11월 2일
납작한 씨앗은 넓은 달걀 모양이에요.

11월 23일
낙엽이 진 나무에 붉은 감 열매가 주렁주렁 달려 있어요.

살펴보아요!

고향 집의 과일나무 감나무

감나무는 산에서도 자라며 시골에서는 집집마다 과일나무로 많이 심어 길러요. 동그스름한 열매는 가을에 붉은 노란색으로 익어요. 단단한 열매는 오래 두면 말랑말랑해지면서 붉은색이 짙어지는데 이런 감을 흔히 '홍시'라고 불러요. 또 단단한 열매껍질을 벗겨 햇볕에 말리면 달콤하고 쫀득쫀득한 '곶감'이 되지요. 요즘에는 홍시를 냉장고에 꽁꽁 얼렸다가 여름에 꺼내 먹는데 마치 과일 아이스크림을 먹는 느낌이에요.

감나무는?

분류 | 감나무과
자라는 모양 | 갈잎큰키나무
높이 | 10m 정도
꽃 피는 시기 | 5~6월
열매가 익는 시기 | 10~11월
자라는 곳 | 밭에서 기르거나 마당에 심어 기름.
쓰임새 | 열매를 과일로 먹으며 말려서도 먹음. 옷감을 황토색으로 물들이는 물감으로 사용함.

감 껍질을 벗겨 말리면 곶감이 돼요.

식물의 한살이 생활에 요긴하게 쓰이는 나무

오동나무

오동나무는 산과 들에서 자라요. 줄기는 굵은 가지가 갈라져서 퍼지고 아파트 6층 정도 높이로 자라지요.

오동나무 겨울눈 관찰

12월 7일

가지에 혹 모양의 잎눈이 달려요.

잎눈

가지 끝에는 둥근 꽃눈을 달고 겨울을 나요. 꽃눈은 털로 덮여 있어요.

5월 5일

봄이 오면 꽃눈이 벌어지면서 연보라색 꽃봉오리가 나와요.

5월 20일

꽃잎은 시들면 떨어져 나가고 암술과 꽃받침만 남아요.

씨방

5월 10일

깔때기 모양의 연보라색 꽃은 비스듬히 밑을 향해요.

꽃의 앞부분은 5갈래로 갈라져 벌어져요.

6월 16일

암술 밑부분의 씨방이 자라서 어린 열매가 되었어요.

5월 21일

꽃이 질 때쯤 잎눈에서는 어린잎이 자라기 시작해요.

7월 5일

가지에 마주나는 둥근 달걀 모양의 잎은 3~5개의 모가 져요.

8월 12일

둥근 달걀 모양의 열매는 끝이 뾰족해요.

9월 20일
가을이면 가지마다 둥근 꽃눈을 만들어서 겨울을 날 준비를 해요.

커다란 잎은 가을이면 툭! 툭! 소리 내며 떨어져서 가을이 깊어진 것을 알려요.

10월 5일
잎은 가을에 노랗게 단풍이 들어요.

11월 16일
땅에 떨어진 잎은 진한 회갈색으로 변해요.

오동나무 열매와 씨앗 관찰

11월 1일

갈색으로 익은 열매는 둘로 갈라지며 벌어져요.

열매 속은 2개의 방으로 되어 있고 방마다 자잘한 씨앗이 가득 들었어요.

씨앗은 둘레가 투명한 날개로 되어 있어서 바람에 잘 날려 퍼져요.

살펴보아요!

거문고와 가야금을 만드는 오동나무

오동나무는 산이나 집 마당가에 심어 길러요. 어린 나무는 잎의 크기가 자동차 바퀴만 해서 갑자기 비를 만나면 우산 대신 쓰기도 했어요. 오동나무 목재는 가벼우면서도 갈라지거나 뒤틀리지 않아서 장롱과 같은 가구를 만들었어요. 예전에는 딸을 낳으면 오동나무를 심었다가 시집갈 때 그 나무를 베어 장롱을 만들어 주었대요. 오동나무로 가야금이나 거문고를 만들면 악기의 울림이 좋아서 맑고 고운 소리가 나요.

오동나무는?

잎이 정말 커요!

분류 | 오동나무과
자라는 모양 | 갈잎큰키나무
높이 | 10~15m
꽃 피는 시기 | 5~6월
열매가 익는 시기 | 10월
자라는 곳 | 산과 들
쓰임새 | 가볍고 단단한 목재로 가구를 만들거나 악기를 만듦.

식물의 한살이 산과 들에서 자라는 나무

일본잎갈나무

일본잎갈나무는 산에서 흔히 볼 수 있어요. 줄기는 곧게 서서 아파트 11층 정도 높이로 크게 자라요.

12월 7일
가지 끝에 동그스름한 겨울눈을 달고 겨울을 나요.

4월 10일
봄이 오면 겨울눈을 뚫고 어린 바늘잎이 뭉쳐 나와요.

4월 12일
잎이 돋는 봄에도 솔방울열매가 그대로 매달려 있어요.

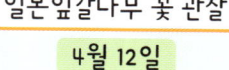
일본잎갈나무 꽃 관찰

수꽃송이는 대부분 밑을 향해 피어요. 칸칸이 연노란색 꽃가루가 나와서 바람에 날려 퍼지지요.

4월 12일

암꽃송이는 위를 향해 피며 밑부분에는 바늘잎이 돌려나요.

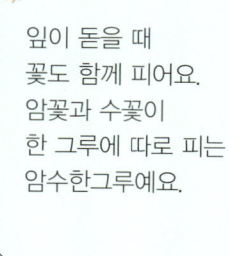

잎이 돋을 때 꽃도 함께 피어요. 암꽃과 수꽃이 한 그루에 따로 피는 암수한그루예요.

암꽃 / 수꽃

4월 30일
암꽃송이에 바람에 날아온 꽃가루가 닿으면 어린 솔방울열매가 열리지요. 밑부분의 바늘잎도 크게 자라요.

7월 11일
솔방울열매는 달걀 모양이며 50~60개의 솔방울조각으로 이루어져 있어요.

어린 솔방울열매를 잘라 보면 솔방울조각 사이가 벌어지고 그곳에서 씨앗이 만들어져요.

7월 11일
새로 자라는 긴 가지에는 바늘잎이 돌려 가며 달려요.

7월 11일
짧은 가지 끝에는 20~30개의 바늘잎이 촘촘히 돌려나요. 바늘잎은 부드러워서 찌르지 않아요.

8월 28일
가을에 솔방울열매가 갈색으로 익으면 솔방울 조각이 벌어지면서 씨앗이 나와요.

10월 30일
씨앗은 한쪽에 날개가 있어서 바람에 잘 날려 퍼지지요.

11월 17일
일본잎갈나무는 갈잎나무로 가을에 단풍이 든 잎을 모두 떨군 채 겨울을 나요.

살펴보아요!

전봇대나무로 알려진 **일본잎갈나무**

'잎갈나무'는 해마다 잎을 새로 간다고 해서 붙여진 이름으로 '낙엽이 지는 나무'란 뜻이에요. 바늘잎나무는 대부분이 늘푸른나무인데 잎갈나무는 가을에 잎이 노랗게 단풍이 드는 갈잎나무이지요. 고향이 일본이라서 '일본잎갈나무'라고 해요. 곧게 자란 줄기는 철도에 깔거나 전봇대로 많이 써서 '전봇대나무'란 별명도 가지고 있지요. 하지만 지금은 전봇대를 시멘트로 만들기 때문에 나무로 만든 전봇대는 거의 볼 수가 없어요.

일본잎갈나무는?

솔방울 열매가 열려요.

분류 | 소나무과
자라는 모양 | 갈잎큰키나무
높이 | 20m 정도
꽃 피는 시기 | 4~5월
열매가 익는 시기 | 9~10월
자라는 곳 | 산에 심어 기름.
쓰임새 | 곧게 자라는 줄기는 목재로 이용함. 예전에는 목재로 전봇대를 많이 만들었음.

식물의 한살이 산과 들에서 자라는 나무

소나무

소나무는 산에서 흔히 자라고 관상수로도 심어요.
줄기는 아파트 13층 정도 높이로 크게 자라요.

1월 2일
가지 끝의 겨울눈은 적갈색이며 비늘조각으로 덮여 있어요.

4월 1일
봄이 오면 겨울눈은 길게 자라기 시작해요.

4월 30일
새순은 길게 자라면서 점차 연두색으로 변해요.

암꽃송이
수꽃송이

5월 9일
새로 자란 가지의 밑부분에 수꽃송이가 촘촘히 돌려 가며 달려요.

5월 11일
꽃이 활짝 피면 아주 작은 연노란색 꽃가루가 바람에 연기처럼 퍼져 나가요.

꽃가루는 '송홧가루'라고 하며 모아서 다식을 만들어 먹어요.

5월 11일
붉은색 암꽃송이는 새로 자란 가지 끝에 달려요.

5월 13일
꽃가루가 모두 날아간 수꽃송이는 황갈색으로 변해요.

6월 19일
큰 소나무 밑에는 작년에 떨어진 씨앗에서 싹이 터 자라는 새싹을 볼 수 있어요.

9월 22일
기다란 바늘잎은 2개가 한 묶음으로 밑부분이 잎집에 싸여 있어요.

9월 25일
꽃가루를 만난 암꽃송이는 점차 작은 솔방울열매로 변해요.

12월 2일
한겨울이 되어도 솔방울열매는 크기가 작은 손톱만 해요.

다음 해 4월 6일
다음 해 봄이 되어도 솔방울열매의 크기는 작은 손톱 크기만 해요.

어린 솔방울열매를 잘라 보면 솔방울조각이 촘촘히 붙어 있는 것을 볼 수 있어요.

다음 해 6월 25일
솔방울열매는 점차 달걀 모양으로 자라며 연녹색으로 변해요.

소나무 솔방울열매 관찰

솔방울열매는 익는 데 거의 2년이 걸려요.

9월 1일
달걀 모양의 솔방울열매는 솔방울조각이 칸칸이 포개져 있어요.

9월 25일
꽃이 핀 다음 해에 익은 솔방울열매는 조각조각 벌어지기 시작해요.

12월 2일
솔방울열매 밑면을 보면 솔방울조각이 기왓장을 인 것처럼 포개져 있어요.

12월 5일
솔방울열매를 세로로 잘라 보면 솔방울조각이 겹겹이 포개진 것을 볼 수 있어요.

솔방울열매는 마른 날에는 벌어지고 흐린 날에는 다시 겹쳐져요.

12월 10일
씨앗은 한쪽에 긴 날개가 있어서 바람을 타고 멀리 날아갈 수 있어요.

12월 12일
솔잎은 보통 2~3년이 지나면 노랗게 단풍이 든 후에 낙엽이 져요.

소나무 껍질 관찰

나무껍질은 거북등처럼 세로로 불규칙하게 갈라져요.

12월 31일
소나무는 늘푸른나무로 푸른 바늘잎을 매단 채 겨울을 나요.

모든 나무의 으뜸 소나무

소나무는 우리말로 '솔'이라고 하는데 '나무 중의 으뜸'이라는 뜻이 담겨 있어요. '솔나무'가 변해서 '소나무'가 되었지요. 어디에서나 흔히 자라는 소나무는 5월이면 수그루에서 노란색 꽃가루가 바람에 날려 퍼지는데 이 꽃가루를 '송홧가루'라고 하며 모아서 꿀물에 타 먹거나 꿀로 반죽해서 '다식'이라는 전통 과자를 만들어 먹어요. 목재로는 집을 짓고, 솔잎을 깔고 송편을 찌지요. 줄기에 홈을 내어 얻은 송진은 기름 대신 불을 켜는 데 썼어요.

소나무는?

솔잎을 깔고 송편을 쪄요!

분류 | 소나무과
자라는 모양 | 늘푸른바늘잎나무
높이 | 25~35m
꽃 피는 시기 | 5월
열매가 익는 시기 | 다음 해 9~10월
자라는 곳 | 산에서 자라고 공원수로도 심음.
쓰임새 | 줄기는 목재로 쓰고 송홧가루는 다식을 만들어 먹음.

기다란 바늘잎을 가진 나무

우리나라에는 소나무처럼 기다란 바늘잎을 가진 나무가 많이 있어요. 이들은 모습이 비슷해서 구분하기가 어려워요. 하지만 잘 관찰해 보면 나무마다 바늘잎이 모여 달린 개수와 솔방울열매의 모양이 조금씩 달라서 구분이 가능해요. 대표적인 기다란 바늘잎나무를 비교하면서 구분해 보아요.

잣나무

기다란 바늘잎은 5개가 한 묶음이고 달걀 모양의 솔방울열매는 손바닥만 해요.

스트로브잣나무

기다란 바늘잎은 5개가 한 묶음이고 기다란 원통 모양의 솔방울열매는 밑을 향해 매달려요.

리기다소나무

기다란 바늘잎은 3개가 한 묶음이고 긴 달걀 모양의 솔방울열매는 겉에 작은 가시가 많아요.

백송

기다란 바늘잎은 3개가 한 묶음이고 달걀 모양의 솔방울열매는 울퉁불퉁 골이 많이 져요.

방크스소나무

기다란 바늘잎은 2개가 한 묶음이고 솔방울열매는 오랫동안 잘 벌어지지 않아요.

곰솔

기다란 바늘잎은 2개가 한 묶음이며 소나무보다 약간 길고 거칠어요. 솔방울열매는 달걀 모양이에요.

구주소나무

기다란 바늘잎은 2개가 한 묶음이고 솔방울열매는 겉에 작은 가시가 많아요.

일엽소나무

기다란 바늘잎은 1개씩 달려요. 달걀 모양의 솔방울열매는 울퉁불퉁 골이 많이 져요.

식물의 한살이 산과 들에서 자라는 나무

갯버들

갯버들은 산과 들의 개울가에서 흔히 자라요.
보통 무더기로 모여나는 줄기는 어른 키 정도 높이로 자라요.

12월 2일
가지에 긴 달걀 모양의 겨울눈을 달고 겨울을 나요.

2월 23일
이른 봄에 겨울눈의 껍질이 벗겨지는 모습이 참새를 닮았어요.

3월 7일
겨울눈이 벌어지면서 껍질이 떨어져 나가면 솜털을 뒤집어쓴 꽃봉오리가 나와요.

> 버들강아지 눈 떴다~♪
> 봄 아가씨 오신다~🎵

갯버들 꽃송이 관찰

3월 21일

암수딴그루로 수꽃송이는 원통 모양이며 꽃밥이 노란색이에요.

암그루에 달리는 암꽃송이는 원통 모양이에요.

4월 3일
암꽃송이는 그대로 어린 열매를 맺기 시작해요.

4월 3일
꽃이 질 때쯤이면 새잎이 돋기 시작해요.

4월 13일
새로 돋은 잎은 붉은빛이 돌기도 해요.

4월 15일
시든 수꽃송이가 땅에 가득 떨어진 모습은 벌레가 모여 있는 것처럼 보여서 약간 징그러워요.

갯버들 열매 관찰

4월 29일

5월 2일

4월 말쯤이면 열매송이에는 자잘한 열매가 촘촘히 익어 가요.

열매 기둥 둘레에 자잘한 타원 모양의 열매가 촘촘히 붙어 있어요.

잘 익은 열매가 갈라지면서 솜털이 달린 자잘한 씨앗이 바람에 날려 퍼져요.

6월 25일

봄에 씨앗을 퍼뜨린 갯버들은 가을까지 긴 타원 모양의 잎을 펼치고 다음 해에 꽃을 피울 양분을 부지런히 만들어 저장해요.

10월 24일

늦은 가을이면 잎은 하나둘 노랗게 단풍이 들기 시작해요.

3월 16일

다음 해 이른 봄이면 다시 가지 가득 꽃이 피어요.

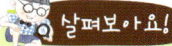 살펴보아요!

제일 먼저 봄소식을 전하는 갯버들

갯버들은 '개울가에서 자라는 버들'이란 뜻으로 개울가에서 잘 자라요. 이른 봄이면 갯버들은 가지마다 솜털을 뒤집어 쓴 꽃봉오리를 내미는데 흔히 '버들강아지' 또는 '버들개지'라고 불러요. 갯버들은 산골짜기에서 봄이 온 것을 제일 먼저 알리지요. 이때쯤이면 아이들은 물이 오른 가지를 잘라서 벗겨 낸 대롱 모양의 껍질로 버들피리를 만들어 부는데 '호드기'라고도 해요. 요즘은 꽃봉오리가 달린 가지를 잘라서 꽃꽂이 재료로도 써요.

갯버들은?

산과 들의 개울가에서 자라요.

분류 | 버드나무과
자라는 모양 | 갈잎떨기나무
높이 | 2~3m
꽃 피는 시기 | 3~4월
열매가 익는 시기 | 5월
자라는 곳 | 개울가나 숲
쓰임새 | 봄에 꽃봉오리가 달린 가지를 잘라서 꽃꽂이 재료로 씀.

식물의 한살이 산과 들에서 자라는 나무

개암나무

개암나무는 산의 숲 가장자리에서 흔히 자라요.
여러 대가 모여나는 줄기는 어른 키 2배 정도 높이까지 자라지요.

암꽃은 크기가 작아서 잘 찾아봐야 해요.

12월 12일
가지에 달걀 모양의 겨울눈을 달고 겨울을 나요.

12월 12일
수꽃눈은 꽃이삭 모양을 갖춘 채로 추운 겨울을 나요.

4월 3일
암수한그루로 봄에 잎이 돋기 전에 꽃이 먼저 피어요. 길게 늘어진 수꽃송이에서는 노란색 꽃가루가 바람에 날려 퍼져요.

4월 11일
작은 암꽃은 달걀 모양이며 10여 개의 붉은색 암술대가 나와요.

4월 12일
꽃이 시들 때쯤 새순이 나와 자라기 시작해요.

5월 4일
어린잎 앞면에는 자주색 얼룩무늬가 있지만 점차 없어져요.

6월 29일
어린 열매는 넓은 받침에 싸여 있어요. 잎은 둥근 타원 모양이고 끝이 뾰족해요.

7월 9일
넓은 받침 속에서 자란 열매가 보이기 시작해요.

열매를 싸고 있는 받침은 가장자리가 톱니 모양이에요.

7월 9일
열매를 잘라 보면 둥근 씨앗 속에는 흰색 속살이 가득해요.

9월 14일
가을이 되면 열매는 갈색으로 익어요.

열매가 다 익어도 열매를 싸고 있는 받침은 그대로 남아 있어요.

가을이 되면 열매도 잎도 노랗게 물들어요.

12월 4일
열매를 '개암'이라고 하며 씨앗의 단단한 껍질을 깨면 나오는 속살은 맛이 고소해요.

10월 18일
잎이 가을에 노란색으로 단풍이 들었어요.

1월 4일
개암나무는 가지에 잎이 겨우내 달려 있기도 해요.

살펴보아요!

열매를 부럼으로 깨무는 개암나무

개암나무는 산에서 흔하게 자라요. 열매인 '개암'은 껍질을 까서 날로 먹으며 삶거나 구워 먹기도 해요. 또 가루를 내서 떡을 만드는 데 넣거나 죽을 쑤어 먹기도 하지요. 열매로 짠 기름은 먹기도 하고 등잔 기름으로 많이 사용했어요. 정월 대보름에는 밤이나 호두와 함께 부럼으로 깨물었는데 그 소리가 커서 도깨비가 도망간다고 전해지지요. 밤나무보다는 열매가 작고 맛이 덜해서 '개밤나무'라고 부르던 것이 변해서 '개암나무'가 되었어요.

개암나무는?

분류 | 자작나무과
자라는 모양 | 갈잎떨기나무
높이 | 2~3m
꽃 피는 시기 | 3~4월
열매가 익는 시기 | 9월
자라는 곳 | 볕이 잘 드는 산이나 숲
쓰임새 | 씨앗을 날로 먹거나 가루를 내어 죽을 쑤어 먹고 기름을 짜서 먹기도 함.

열매를 부럼으로 깨물면 도깨비도 도망간대요!

식물의 한살이 산과 들에서 자라는 나무

신갈나무

신갈나무는 산에서 흔하게 자라요. 줄기는 큰 가지가 많이 갈라지고 아파트 8층 정도 높이로 자라요.

12월 26일
가지에 긴 달걀 모양의 겨울눈을 달고 겨울을 나요.

4월 16일
암수한그루로 봄이 오면 겨울눈이 벌어지면서 꽃봉오리가 나와요.

4월 19일
잎도 함께 나오는데 묵은 잎이 그대로 남아 있기도 해요.

4월 26일
기다란 수꽃송이는 밑으로 늘어지고 새잎도 함께 나와 자라요.

4월 29일
새잎이 크게 자랐어요. 달걀 모양의 잎은 가장자리가 물결 모양이고 잎자루가 거의 없어요.

5월 4일
가지 끝에는 아주 작은 암꽃이 달려요.

7월 7일
가지 끝에 동글납작한 어린 열매가 열렸어요.

어린 열매가 단추처럼 생겼어요!

어린 열매는 비늘조각이 기와처럼 포개져 있어요.

7월 23일
비늘조각이 포개져 있는 깍정이 가운데로 '도토리'라고 하는 씨앗이 드러나기 시작해요.

8월 31일
도토리는 점차 자라서 깍정이 밖으로 볼록하게 올라와요.

10월 3일
가을이 되면 열매는 점차 갈색으로 익고 하나씩 빠져 나가요.

10월 10일
도토리는 동그스름한 모양이라서 데굴데굴 잘 굴러가요.

10월 6일
잎이 가을에 주황색으로 단풍이 들었어요.

10월 15일
누런색으로 변한 잎은 겨울까지 가지에 매달려 있기도 해요.

2월 28일
잎이 떨어진 나무에 두툼한 얼음꽃이 피었어요.

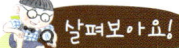 살펴보아요!

잎을 신발 바닥에 깔고 신는 신갈나무

도토리 열매를 맺는 나무를 보통 '참나무'라고 부르는데 신갈나무도 참나무 중 한 가지예요. 신갈나무는 소나무와 함께 산에서 가장 많이 자라는 나무예요. 가을에 여문 도토리 열매는 흔히 가루를 내어 묵을 쑤어 먹지요. 목재를 구워서 숯을 만드는데 참나무로 만든 숯은 특히 '참숯'이라고 하며 불이 잘 붙고 오래가서 가장 고급으로 치지요. 옛날 나무꾼들은 짚신 바닥이 해지면 가장 흔한 이 나뭇잎을 따서 깔고 신어서 '신갈나무'라고 해요.

신갈나무는?

분류 | 참나무과
자라는 모양 | 갈잎큰키나무
높이 | 20~30m
꽃 피는 시기 | 4~5월
열매가 익는 시기 | 9월
자라는 곳 | 산 중턱 이상
쓰임새 | 도토리로 묵을 쑤어 먹고 나무로는 숯을 만들어 숯불을 피우는 재료로 사용함.

신갈나무 잎을 짚신에 넣었대요.

참나무 6형제

도토리 열매를 맺는 참나무는 신갈나무 외에도 상수리나무, 굴참나무, 갈참나무, 졸참나무, 떡갈나무가 있어요. 이들 참나무 6형제는 잎과 깍정이의 모양이 조금씩 달라서 구분할 수 있어요.

상수리나무

마을 주변의 산기슭에서 자라요. 열매는 꽃이 핀 다음 해에 익고 깍정이 겉면은 비늘조각이 수북해요. 잎 뒷면은 연녹색이에요.

긴 타원 모양의 잎은 가장자리에 침 같은 톱니가 있어요.

잎 뒷면은 연녹색이고 잎자루가 길어요.

깍정이 겉면을 덮고 있는 기다란 비늘조각은 끝이 뒤로 젖혀져요.

굴참나무

주로 산 중턱 이하에서 자라요. 열매는 꽃이 핀 다음 해에 익고 깍정이 겉면은 비늘조각이 수북해요. 긴 타원 모양의 잎 뒷면은 회백색이에요. 나무껍질은 두꺼운 코르크질이 발달해요.

긴 타원 모양의 잎은 가장자리에 침 같은 톱니가 있어요.

잎 뒷면은 회백색이며 털로 덮여 있고 잎자루가 길어요.

깍정이 겉면을 덮고 있는 기다란 비늘조각은 끝이 뒤로 젖혀져요.

갈참나무

주로 산기슭에서 자라요. 열매는 꽃이 핀 그해에 익고 깍정이는 납작해요. 거꿀달걀 모양의 잎은 뒷면이 회백색이고 잎자루가 길어요.

거꿀달걀 모양의 잎은 가장자리에 물결 모양의 톱니가 있어요.

잎 뒷면은 회백색이며 잎자루가 길어요.

깍정이 겉면은 비늘조각이 기와처럼 촘촘히 포개져 있어요.

참나무 6형제는 잎과 도토리 열매의 모양이 달라요. 한자리에서 구분해 보세요!

졸참나무

산에서 자라요. 열매는 꽃이 핀 그해에 익고 깍정이는 납작해요. 거꿀달걀 모양의 잎은 뒷면이 회록색이고 잎자루가 길어요. 참나무 중에서 잎과 열매가 가장 작아서 '졸참나무'라고 해요.

거꿀달걀 모양의 잎은 가장자리에 안으로 약간 굽은 톱니가 있어요.

잎 뒷면은 회록색이며 잎자루가 길어요.

깍정이 겉면은 비늘조각이 기와처럼 촘촘히 포개져 있어요.

신갈나무

산 중턱 이상에서 자라요. 열매는 꽃이 핀 그해에 익고 깍정이는 납작해요. 거꿀달걀 모양의 잎은 뒷면이 연녹색이고 잎자루가 거의 없어요.

거꿀달걀 모양의 잎은 가장자리에 물결 모양의 톱니가 있어요.

잎 뒷면은 연녹색이며 잎자루가 거의 없어요.

깍정이 겉면은 비늘조각이 기와처럼 촘촘히 포개져 있어요.

떡갈나무

낮은 산에서 자라요. 열매는 꽃이 핀 그해에 익고 깍정이 겉면은 비늘조각이 수북해요. 거꿀달걀 모양의 잎은 뒷면에 황갈색 털이 많고 잎자루가 거의 없어요. 잎으로 떡을 싸서 '떡갈나무'라고 해요.

거꿀달걀 모양의 잎은 가장자리에 물결 모양의 톱니가 있어요.

잎 뒷면은 황갈색 털이 있고 잎자루가 거의 없어요.

깍정이 겉면을 덮고 있는 기다란 비늘조각은 끝이 뒤로 젖혀져요.

식물의 한살이 산과 들에서 자라는 나무

느릅나무

느릅나무는 산에서 자라요. 줄기는 큰 가지가 많이 갈라지고 아파트 5층 정도 높이로 자라요.

12월 6일
가지에 긴 달걀 모양의 겨울눈을 달고 겨울을 나요. 잎이 떨어진 잎자국은 동물 얼굴 모양이에요.

12월 6일
봄에 꽃이 필 꽃눈은 둥근 타원 모양이에요.

4월 14일
봄이 오면 꽃눈이 벌어지면서 잎보다 먼저 꽃이 피어요.

꽃송이마다 7~15개의 자잘한 꽃이 모여 피어요.

4월 20일
꽃이 지면 납작한 열매가 열려요.

4월 21일
열매가 열릴 때쯤 겨울눈이 벌어지면서 새잎이 나와요.

4월 28일
어린 열매가 둥근 모양으로 자라면서 잎도 점차 크게 자라요.

5월 9일
5월 초에 잎이 모양을 갖출 때쯤이면 열매도 거의 다 익어 가요.

5월 14일
둥글납작한 열매는 가운데에 씨앗이 있고 둘레는 날개로 되어 있어요.

5월 21일
5월 중순이면 갈색으로 익은 열매가 바람에 날려 퍼져요.

5월 14일
새가지에 돋은 잎은 붉은빛이 도는 것도 있어요.

8월 8일
봄에 씨앗을 퍼뜨린 나무는 가을까지 긴 타원 모양의 잎을 펼치고 다음 해에 꽃을 피울 양분을 부지런히 만들어 저장해요.

10월 20일
잎에는 벌레집이 혹처럼 달린 것도 있어요.

느릅나무 단풍 관찰

10월 25일

잎은 가을에 주홍색으로 단풍이 들어요.

가을에 노란색으로 단풍이 드는 나무도 있어요.

2월 4일
가을 바람에 잎을 다 떨군 나무는 그대로 겨울을 나요.

살펴보아요!

열매가 동전을 닮은 느릅나무

느릅나무는 산골짜기에서 자라요. 이른 봄에 잎이 돋기 전에 꽃이 피고 동글납작한 열매는 5월이면 익어서 바람에 날려 퍼져요. 열매의 모양이 옛날 동전인 유협전과 비슷해서 '유협전'이라는 별명으로 불렀대요. 가지의 속껍질은 질기기 때문에 껍질을 벗겨서 노끈을 만들거나 '미투리'라고 하는 신발을 엮어서 신었어요. 북부 지방의 산촌에서는 느릅나무 속껍질로 엮어서 만든 자리를 방바닥에 깔았는데 흔히 '느릅깔개'라고 했어요.

느릅나무는?

분류 | 느릅나무과
자라는 모양 | 갈잎큰키나무
높이 | 15~30m
꽃 피는 시기 | 3~4월
열매가 익는 시기 | 5~6월
자라는 곳 | 산
쓰임새 | 가지의 속껍질은 질겨서 노끈으로 씀. 새순은 나물로 먹고 나무껍질은 소화를 돕는 약재로 씀.

열매가 둥글납작해요!

식물의 한살이 산과 들에서 자라는 나무

등칡

등칡은 깊은 산에서 자라요. 덩굴지는 줄기는 다른 물체를 감고 아파트 4층 정도 높이까지 올라가요.

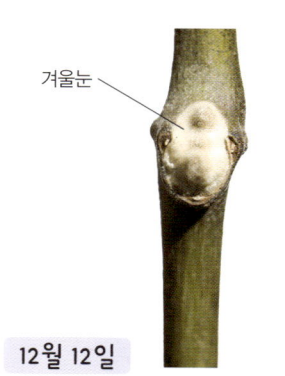

12월 12일
혹 모양의 겨울눈은 흰색 털로 덮인 채 겨울을 나요.

5월 8일
봄이 오면 겨울눈을 뚫고 새순이 나와요.

5월 12일
왼쪽 겨울눈에서는 새잎이 돋고 오른쪽 겨울눈에서는 꽃봉오리가 자라요.

등칡 꽃 관찰

5월 20일

색소폰 모양의 노란색 꽃이 피었어요.

꽃을 옆에서 보면 U자형으로 꼬부라졌어요.

암술과 수술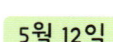

꽃을 잘라 보면 양쪽 부분은 적갈색을 띠고 꽃자루와 만나는 부분에 암술과 수술이 있어요.

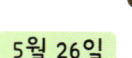

5월 22일
꽃이 시들면 세모꼴로 벌어진 조각이 안쪽으로 말려요.

5월 26일
꽃잎은 시들고 남은 꽃받침 부분이 열매로 자라기 시작해요.

5월 28일
새로 자란 줄기가 서로 감기면서 벋고 있어요.

등칡 열매 관찰

10월 3일

7월 12일
잎은 하트 모양이에요.
원통 모양으로 자란
열매는 오이처럼 길쭉해요.

열매는 가을에 누런색으로
변했다가 갈색으로 익어요.

열매를 세로로 잘라 보면
얇은 씨앗이 촘촘히 포개져
있는 것을 볼 수 있어요.

열매를 가로로 잘라 보면
6개의 방으로 나뉘어 있어요.

10월 16일
잎은 가을에 노란색으로
단풍이 들어요.

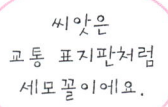

씨앗은
교통 표지판처럼
세모꼴이에요.

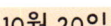

10월 20일
씨앗은 세모꼴이며
납작해요.

11월 5일
잘 익은 열매는 끝부분이
6갈래로 갈라져 벌어져요.

살펴보아요!

꽃이 색소폰을 닮은 등칡

등칡은 깊은 산에서 자라요. 덩굴지는 줄기는 다른 나무나 물체를 칭칭 감고 올라가지요. 칭칭 감는 줄기는 등나무와 비슷하고 잎은 칡의 작은잎과 비슷해서 '등칡'이라고 불러요. 등칡은 봄에 피는 꽃이 U자 모양으로 구부러진 것이 색소폰이라는 악기를 닮았어요. 꽃의 단면을 보면 입구는 좁고 안쪽은 넓은 모양이라서 파리와 같은 곤충이 냄새에 이끌려 들어갔다가 입구를 찾지 못해 쉽게 빠져 나오기 힘든 모양이에요.

등칡은?

꽃 모양이 특이해요!

분류 | 쥐방울덩굴과
자라는 모양 | 갈잎덩굴나무
길이 | 10m 정도
꽃 피는 시기 | 4~5월
열매가 익는 시기 | 10~11월
자라는 곳 | 깊은 산
쓰임새 | 꽃 모양이 특이해서 관상수로 기름. 줄기는 치질을 치료하는 약재로 씀.

식물의 한살이 산과 들에서 자라는 나무

으름덩굴

으름덩굴은 산과 들에서 자라요. 덩굴지는 줄기는
다른 물체를 감고 아파트 3층 정도 높이까지 벋어요.

12월 25일
가지에 달걀
모양의 겨울눈을
달고 겨울을 나요.

4월 17일
봄이 오면 겨울눈을 뚫고
어린잎과 꽃봉오리가
나와요.

4월 22일
잎이 펼쳐질 때쯤이면
꽃봉오리도 부풀고
자루도 길게
자라요.

4월 26일
암수한그루로 밑으로
늘어지는 꽃송이에
암꽃과 수꽃이
함께 피어요.

으름덩굴 꽃 관찰

4월 27일

암꽃은 꽃 가운데에
3~9개의 암술이
모여 있어요.

수꽃은 꽃 가운데에
6개의 수술이 동그랗게
모여 있어요.

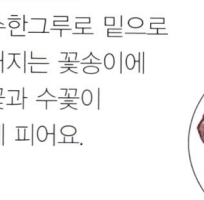

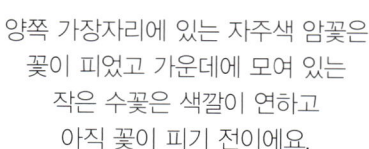

양쪽 가장자리에 있는 자주색 암꽃은
꽃이 피었고 가운데에 모여 있는
작은 수꽃은 색깔이 연하고
아직 꽃이 피기 전이에요.

5월 26일
손꼴겹잎은
작은잎이 보통
5장이 달리지만
8장까지도 달려요.

7월 20일
꽃이 지면 소시지 모양의 열매가 자라기 시작해요.

8월 16일
열매는 암술의 개수처럼 9개까지 모여 달리기도 해요.

열매를 잘라 보면 흰색 열매살 속에 씨앗이 촘촘히 만들어지고 있어요.

10월 17일
가을에 갈색으로 익은 열매는 세로로 갈라지면서 속살이 드러나요.

달걀 모양의 씨앗은 검은색이며 광택이 있어요.

열매 속살은 바나나 맛이 나서 별명이 '한국바나나'래요!

10월 18일
잎은 가을에 노란색으로 단풍이 들어요.

살펴보아요!

얼음 과일이 열리는 으름덩굴

으름덩굴은 산에서 자라요. 덩굴지는 줄기는 다른 나무나 물체를 칭칭 감고 올라가지요. 암수한그루로 봄에 자주색 꽃이 핀 후에 소시지 모양의 열매가 열려요. 열매는 가을에 갈색으로 익으면 세로로 갈라지면서 속에 있는 열매살이 드러나는데 껍질을 벗긴 바나나를 닮았고 맛도 비슷해요. 다만 열매살 속에 씨앗이 많아서 먹기가 좀 불편하지요. 흰색 속살이 얼음처럼 보여서 '얼음덩굴'이라고 하던 것이 변해 '으름덩굴'이 되었대요.

으름덩굴은?

분류 | 으름덩굴과
자라는 모양 | 갈잎덩굴나무
길이 | 5~6m
꽃 피는 시기 | 4~5월
열매가 익는 시기 | 9~10월
자라는 곳 | 산과 들
쓰임새 | 열매는 따서 먹고 줄기로는 바구니를 엮음. 관상수로 정원에 심기도 함.

소시지 모양의 열매가 열려요.

식물의 한살이 산과 들에서 자라는 나무

함박꽃나무

함박꽃나무는 산에서 자라요. 줄기는 가지가 많이 갈라지고 아파트 3층 정도 높이로 자라요.

12월 12일
가지에 긴 타원 모양의 겨울눈을 달고 겨울을 나요.

4월 30일
봄이 오면 겨울눈을 뚫고 새순이 나와요.

5월 21일
잎이 크게 자란 다음에 가지 끝에서 꽃봉오리가 나와요.

함박꽃나무 꽃봉오리 관찰

5월 21일

꽃봉오리는 갈색의 얇은 껍질에 싸여 있어요.

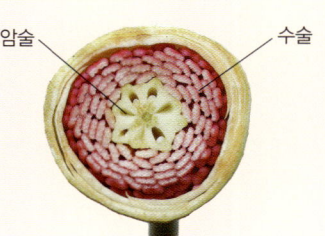

꽃봉오리를 가로로 잘라 보았어요. 암술 주위에 붉은색 수술이 둘러 있어요.

꽃봉오리를 세로로 잘라 보았어요. 수술 밖에는 흰색 꽃잎이 촘촘히 포개져 있어요.

5월 25일
드디어 흰색 꽃이 활짝 피었는데 향기가 좋아요.

꽃이 활짝 피면 붉은색 수술은 수평으로 벌어져요.

5월 28일
꽃은 시들어도 그대로 오래 남아 있기도 해요.

6월 27일

타원 모양의 잎은 끝이 뾰족하고 가장자리는 밋밋해요.

7월 25일

타원 모양의 열매는 연녹색이며 긴 자루에 매달려요.

어린 열매를 세로로 잘라 보았더니 속에서 많은 씨앗이 만들어지고 있어요.

주홍색 씨앗은 열매에 오래 매달려 있다가 하나씩 떨어져 나가요.

8월 29일

열매는 점차 붉은색으로 익기 시작해요.

9월 27일

잘 익은 열매는 칸칸이 벌어지면서 주홍색 씨앗이 드러나요.

10월 9일

가을이 깊어지면 잎은 노란색으로 단풍이 들고 잎을 떨굴 준비를 하지요.

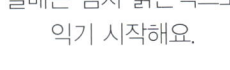

함박웃음을 닮은 꽃 함박꽃나무

함박꽃나무는 산에서 자라요. 관상수로 심는 백목련과 꽃의 생김새가 비슷한 형제 나무예요. 그래서 '산목련'이라고도 불러요. 다만 백목련은 잎이 돋기 전에 꽃이 먼저 피지만 함박꽃나무는 잎이 자란 후에 꽃이 피는 점이 다르지요. 주먹만 한 꽃이 핀 모양이 물건을 담는 함지박과 비슷해서 '함지박꽃나무'라고 하던 것이 변해 '함박꽃나무'가 되었대요. 활짝 핀 꽃의 모습이 입을 활짝 벌리고 함박웃음을 웃는 모습을 닮기도 했어요.

함박꽃나무는?

꽃이 활짝 웃고 있어요!

분류 | 목련과
자라는 모양 | 갈잎작은키나무
높이 | 7~10m
꽃 피는 시기 | 5~6월
열매가 익는 시기 | 9~10월
자라는 곳 | 산에서 자라며 공원수로도 심음.
쓰임새 | 뿌리는 진통을 멈추거나 오줌을 잘 나오게 하는 약재로 씀.

식물의 한살이 산과 들에서 자라는 나무

생강나무

생강나무는 산에서 자라요. 줄기는 여러 대가 모여나 가지가 많이 갈라지고 어른 키 2배 정도 높이로 자라요.

12월 18일
가을에 낙엽이 진 가지 끝에 기다란 고깔모자처럼 생긴 겨울눈을 달고 겨울을 나요.

잎이 떨어진 잎자국은 무엇을 닮았나요?

12월 18일
가지에 동그란 겨울눈이 달린 것도 볼 수 있어요.

동그란 겨울눈을 자르면 연노란색 꽃봉오리가 가득 들어 있어요. 그래서 동그란 겨울눈은 '꽃눈'이라고 해요.

4월 19일
어린잎은 자라면서 솜털이 점차 떨어져 나가요.

4월 16일
이른 봄이면 고깔모자처럼 생긴 겨울눈이 벌어지면서 흰색 솜털로 덮인 잎이 모여 나요. 고깔모자처럼 생긴 겨울눈에서는 잎이 나오기 때문에 '잎눈'이라고 해요.

4월 14일
이른 봄이면 동그란 꽃눈이 벌어지면서 동그스름한 노란색 꽃송이가 피어나요.

막 벌어지기 시작한 잎눈

갓 만들어진 열매

4월 21일
꽃이 시들 때쯤이면 잎도 자라기 시작해요.

7월 11일
잎이 크게 자라면 동그란 연녹색 열매가 열려요. 잎몸은 윗부분이 3갈래로 갈라지는 것도 있어요.

8월 6일
동그란 열매는 긴 자루 끝부분이 약간 굵어져요.

9월 12일
열매껍질 속에는 1개의 동그란 씨앗이 만들어지고 있어요.

씨앗으로 짠 기름은 머릿기름으로 썼어요.

9월 28일
열매 속에 든 갈색 씨앗은 광택이 나요.

9월 27일
연녹색 열매는 가을이 되면 검은색으로 익어요.

10월 16일
잎은 가을에 보통 노란색으로 단풍이 들었다가 낙엽이 져요.

살펴보아요!

봄의 전령사 생강나무

생강나무는 산에서 흔하게 자라요. 잎이나 가지를 잘라서 비비면 생강 냄새와 비슷한 냄새가 나서 '생강나무'라고 불러요. 향기가 나는 어린잎을 따서 말렸다가 차를 끓여 마시기도 하고 어린잎에 찹쌀 풀을 발라서 부각을 만들어 먹기도 해요. 예전에는 씨앗으로 짠 기름을 동백기름처럼 부인들이 머릿기름으로 썼어요. 산에서 자라는 나무 중에서 가장 먼저 노란색 꽃을 가득 피워서 봄이 온 것을 알리기 때문에 '봄의 전령사'라고도 해요.

생강나무는?

생강 냄새가 나서 생강나무!

분류 | 녹나무과
자라는 모양 | 갈잎떨기나무
높이 | 2~6m
꽃 피는 시기 | 3~4월
열매가 익는 시기 | 9~10월
자라는 곳 | 산
쓰임새 | 가지를 말려서 위를 튼튼히 하거나 복통을 멈추는 약재로 씀. 어린잎을 말려서 차를 끓여 마시기도 함.

식물의 한살이 산과 들에서 자라는 나무

산딸기

산딸기는 산과 들에서 자라요. 줄기는 여러 대가 모여나
가지가 많이 갈라지고 어른 키 정도 높이로 자라요.

12월 7일
가지에 달걀 모양의
겨울눈을 달고 겨울을 나요.
가지에는 가시가 있어요.

4월 11일
봄이 오면 겨울눈을
뚫고 새순이 돋아요.

4월 29일
새순은 자라면서 잎이
점차 크게 펼쳐져요.

산딸기 꽃 관찰

5월 17일

가지 끝에
2~5개의 흰색
꽃이 피었어요.

꽃봉오리

5장의 흰색 꽃잎은
서로 떨어져 있어요.
둥근 꽃봉오리는 끝이 뾰족해요.

꽃받침

꽃받침은
5갈래로
갈라져요.

6월 1일
꽃이 지고 어린
열매가 열렸어요.

어린 열매를 세로로 잘라 보면
속에서 씨앗이 만들어지는
것을 볼 수 있어요.

6월 1일
잎은 잎몸이 3~5갈래로
갈라지고 끝이 뾰족해요.

7월 6일
둥근 열매는 초여름에 붉은색으로 익어요. 달콤한 열매는 심심풀이로 따 먹지요.

알알이 박힌 산딸기 열매는 맛이 달콤해요!

산딸기 열매

7월 22일
열매송이에는 자잘한 열매가 촘촘히 모여 있어요.

딸기 열매

딸기
과일로 먹는 딸기 열매는 열매살 가장자리에 깨알 같은 씨앗이 박혀 있어요.

뱀딸기 열매

뱀딸기
들에서 자라는 뱀딸기 열매도 딸기처럼 열매 둘레에 빨간 씨앗이 다닥다닥 붙어 있는 모양이에요.

9월 1일
병에 걸린 잎은 두드러기가 난 것처럼 보여요.

9월 28일
가을에 잎이 붉은색으로 단풍이 들었어요.

살펴보아요!

딸기처럼 맛있는 열매가 열리는 산딸기

산딸기는 산에서 자라고 딸기 모양의 열매가 열려서 '산딸기'라고 해요. 여름에 익는 열매를 따서 먹는데 딸기처럼 달콤하면서도 새콤한 맛이 나지요. 가지에는 날카로운 가시가 있어서 열매를 따 먹는 데만 정신을 팔다간 찔릴 수도 있어요. 산딸기와 딸기는 열매가 비슷하지만 잘라 보면 구조는 전혀 달라요. 산딸기는 자잘한 열매가 촘촘히 모인 열매이고, 딸기는 열매살 가장자리에 깨알 같은 씨앗이 촘촘히 박혀 있어요. 뱀딸기는 딸기와 열매 구조가 비슷해요.

산딸기는?

딸기보다 열매가 작아요!

분류 | 장미과
자라는 모양 | 갈잎떨기나무
높이 | 1~2m
꽃 피는 시기 | 5~6월
열매가 익는 시기 | 6~8월
자라는 곳 | 산과 들
쓰임새 | 달콤한 열매는 따 먹으며 잼이나 젤리를 만드는 원료로도 씀.

식물의 한살이 산과 들에서 자라는 나무

찔레꽃

찔레꽃은 산과 들에서 자라요. 줄기는 여러 대가 모여나 가지가 많이 갈라지고 어른 키보다 높이 자라요.

12월 7일
가시가 있는 가지에 세모꼴의 겨울눈을 달고 겨울을 나요.

4월 4일
새잎이 돋을 때까지 묵은 열매가 남아 있기도 해요.

4월 24일
봄에 돋는 통통한 새순은 껍질을 벗겨 먹기도 해요.

5월 12일
새로 자란 가지 끝에 꽃봉오리가 맺혔어요.

5월 15일
흰색 꽃은 여러 개가 함께 모여 피어요.

5장의 흰색 꽃잎 가운데에는 노란색 수술이 많이 모여 있어요.

5월 25일
대부분 흰색 꽃이 피지만 드물게 분홍색 꽃이 피는 것도 있어요.

8월 12일
꽃이 진 자리에 동그스름한 열매가 열렸어요.

8월 30일
잎은 5~9장의 작은잎이 마주 붙는 깃꼴겹잎이에요.

찔레꽃 열매와 씨앗 관찰

11월 2일
작고 동그란 열매는 가을이 되면 붉은색으로 익어요.

11월 16일
동그란 열매 끝에 암술의 흔적이 남아 있어요.

11월 12일
가을이 깊어 가면 잎은 적갈색이나 노란색으로 단풍이 들어요.

열매 속살은 없지만 두툼한 열매껍질 때문에 새들이 따 먹어요.

11월 16일
열매를 잘라 보면 속에는 씨앗이 가득 들어 있어요.

12월 11일
삼각뿔 모양의 씨앗은 겉에 기다란 털이 있어요.

잎자루
턱잎

11월 16일
잎자루 밑부분의 턱잎은 잎자루와 합쳐져요.

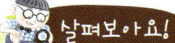 살펴보아요!

사각거리는 새순의 맛 찔레꽃

찔레꽃은 줄기 끝이 비스듬히 밑으로 처져요. 예전에는 봄이 오면 아이들이 찔레꽃의 통통한 새순을 골라 껍질을 까서 먹었는데 사각사각 씹히는 느낌이 좋고 들쩍지근한 맛이 그런대로 괜찮은 주전부리였어요. 찔레꽃의 새순을 따다가 줄기의 가시에 걸리면 옷이 찢어지기도 하고 살을 찔려 피가 나기도 하여 '찌르네'라고 하던 것이 변해 '찔레'가 되었다고 해요. 관상용으로 심는 장미와 가까운 형제 나무로 '들장미'라고도 하지요.

찔레꽃은?

'들장미'라고도 불러요!

분류 | 장미과
자라는 모양 | 갈잎떨기나무
높이 | 2~4m
꽃 피는 시기 | 5~6월
열매가 익는 시기 | 9~11월
자라는 곳 | 산과 들
쓰임새 | 향기가 나는 꽃은 말려서 베갯속으로 사용하고 열매는 말려서 열을 내리는 약으로 씀.

식물의 한살이 산과 들에서 자라는 나무

해당화

해당화는 바닷가 모래땅에서 잘 자라요. 줄기는 여러 대가 모여나 가지가 많이 갈라지고 어른 키 정도 높이로 자라요.

12월 19일
가지에 달걀 모양의 겨울눈을 달고 겨울을 나요. 가지에는 가시와 털이 많아요.

3월 30일
봄이 오면 겨울눈에서 새순이 돋아요.

5월 1일
새로 자란 가지에서 잎이 펼쳐지고 있어요. 깃꼴겹잎은 작은잎이 5~9장이고 잎자루에 큰 턱잎이 있어요.

턱잎

5월 14일
가지 끝에서 붉은색 꽃봉오리가 나왔어요.

꽃봉오리를 잘라 보면 둥근 꽃받침통 위에 많은 수술과 붉은색 꽃잎이 가지런히 포개져 있어요.

꽃받침통

흰해당화
드물게 흰색 꽃이 피는 나무도 있는데 '흰해당화'라고 불러요.

5월 16일
드디어 붉은색 꽃이 활짝 피었어요. 꽃이 아름다워 정원수로 심기도 해요.

5장의 꽃잎 가운데에 암술과 많은 수술이 모여 있어요.

5월 22일
꽃이 시들면 꽃잎은 떨어져 나가요.

해당화 열매와 씨앗 관찰

어린 열매

5월 22일
밑부분의 꽃받침통은 그대로 어린 열매로 자라요.

6월 28일
꽃받침통이 자란 열매 끝에는 꽃받침이 그대로 남아 있어요.

9월 24일
둥근 열매는 늦여름부터 붉은색으로 익기 시작해요. 꽃받침은 끝까지 남아 있어요.

11월 12일
가을이 깊어 가면 잎은 붉은색이나 노란색으로 단풍이 들어요.

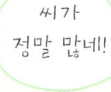

씨가 정말 많네!

9월 24일
열매를 잘라 보면 속에는 씨앗이 가득 들어 있어요.

12월 4일
삼각뿔 모양의 씨앗은 겉에 기다란 털이 있어요.

살펴보아요!

바닷가에 곱게 핀 해당화

동요 〈바닷가에서〉의 한 구절 '해당화가 곱게 핀 바닷가에서~'처럼 해당화는 바닷가 모래땅에서 잘 자라요. 하지만 백사장이 해수욕장 등으로 개발되면서 조금씩 보기 힘들어졌지요. 줄기에는 날카로운 가시가 촘촘히 나 있어요. 봄부터 초여름까지 가지 끝에 큼직한 붉은색 꽃이 계속 피기 때문에 화단에 심어 기르기도 해요. 꽃향기가 좋아서 꽃잎을 따서 씹으면 입안 가득 향기가 퍼져요. 이 꽃으로 향수도 만들고 말린 꽃잎을 베개에 넣기도 해요.

해당화는?

바닷가에 피는 향기로운 꽃!

- **분류** | 장미과
- **자라는 모양** | 갈잎떨기나무
- **높이** | 1~1.5m
- **꽃 피는 시기** | 5~7월
- **열매가 익는 시기** | 8~9월
- **자라는 곳** | 바닷가
- **쓰임새** | 꽃이 아름다워 정원수로 심음. 향기로운 꽃은 향수의 원료로 쓰고 차를 만들어 마시기도 함.

식물의 한살이 산과 들에서 자라는 나무

싸리

싸리는 산과 들에서 자라요. 줄기는 여러 대가 모여나며 가지가 많이 갈라지고 어른 키 정도 높이로 자라요.

12월 7일
가지에 달걀 모양의 겨울눈을 달고 겨울을 나요.

4월 13일
봄이 오면 겨울눈을 뚫고 새순이 나와요.

5월 29일
새순이 자라면서 어린 세겹잎이 벌어지기 시작해요.

7월 8일
여름에 돋는 잎은 붉은빛이 돌기도 해요.

7월 20일
가지 끝에서 자란 꽃봉오리가 벌어지면서 꽃이 피기 시작해요.

7월 26일
꽃가지에는 붉은색 꽃이 촘촘히 모여 피어요.

싸리 꽃 관찰

7월 27일

붉은색 꽃은 나비와 비슷한 모양이에요.

꽃받침

꽃의 밑부분을 싸고 있는 꽃받침은 원통 모양이에요.

8월 7일
가지에 어긋나는 잎은 세겹잎이에요. 달걀 모양의 작은잎은 끝이 오목하게 들어가요.

9월 20일
꽃이 진 자리에는 납작한 타원 모양의 열매가 열려요.

타원 모양의 열매 겉에는 털이 있어요.

10월 5일
열매는 가을에 갈색으로 익어요.

10월 10일
열매마다 속에는 1개의 씨앗이 들어 있어요.

씨앗은 검정콩을 닮았어요.

10월 30일
납작한 타원 모양의 씨앗은 검은색이고 광택이 나요.

11월 12일
잎은 가을에 노란색으로 단풍이 들어요.

살펴보아요!

회초리로 널리 쓰였던 싸리

산과 들에서 흔하게 자라는 싸리는 나무줄기가 단단하면서도 탄력이 강해서 여러 가지 생활 도구를 만드는 데 많이 쓰인 요긴한 나무예요. 시골집 문이나 울타리는 흔히 싸리를 엮어 만들었고 물건을 담는 소쿠리, 곡식을 고르는 키, 물고기를 잡는 통발, 마당을 쓰는 싸리비 등 많은 도구를 만드는 재료로 썼지요. 또 아이들의 훈육에 사용되는 회초리로도 가장 많이 이용했어요. 꽃에는 꿀이 많아서 벌이 많이 모여들지요.

싸리는?

꽃이 나비 모양이에요!

분류 | 콩과
자라는 모양 | 갈잎떨기나무
높이 | 2~3m
꽃 피는 시기 | 7~8월
열매가 익는 시기 | 10월
자라는 곳 | 산과 들
쓰임새 | 단단하면서도 탄력이 있는 줄기를 이용해 싸리비와 같은 생활용품을 만듦. 어린잎은 나물로 먹음.

식물의 한살이 산과 들에서 자라는 나무

칡

칡은 산에서 자라요. 덩굴지는 줄기는 가지가 갈라지면서
다른 나무나 물체를 감고 아파트 7층 정도 높이까지 올라가요.

12월 6일
가지에 세모진 겨울눈을
달고 겨울을 나요.
잎이 떨어진 잎자국은
동물 얼굴 모양이에요.

4월 25일
봄이 오면 겨울눈을
뚫고 새순이 나와요.

4월 30일
새로 자란 줄기의 잎이
벌어지기 시작했어요.

5월 2일
새로 자란
줄기는 다른
물체를 감고
자라요.

5월 26일
잎은 잎자루에 3장의 작은잎이
달리는 세겹잎이에요.

7월 15일
여름이 오면
잎겨드랑이에서
꽃봉오리가 자라요.

칡 꽃 관찰
7월 23일

꽃송이는 밑부분부터
꽃이 피어 올라가요.

나비 모양의 붉은색 꽃은
안쪽에 노란색 무늬가 있어요.

아래쪽 꽃잎 안쪽에는 암술과
수술이 들어 있어요.

8월 13일
꽃송이 모양대로 어린 열매가 열리기 시작했어요.

시든 꽃잎 사이로 어린 열매가 자라고 있어요.

9월 20일
길고 납작한 꼬투리열매는 연녹색이며 털로 덮여 있어요.

꼬투리열매를 덮고 있는 털은 열매가 익으면 황갈색으로 변해요.

10월 21일
가을에 잎이 노란색으로 단풍이 들었어요.

10월 28일
가을에 갈색으로 익은 꼬투리열매는 겨울까지 매달려 있어요.

11월 4일
타원 모양의 씨앗은 콩을 닮았지만 크기가 좀 더 작아요.

 **살펴보아요!**

다른 나무를 칭칭 감고 오르는 칡

칡은 덩굴나무로 다른 나무를 칭칭 감고 올라가며 못살게 굴기 때문에 숲을 가꾸는 사람들에게는 골칫덩어리 취급을 받아요. 그렇지만 굵고 통통한 칡뿌리는 식량으로 이용하는 녹말이 많아서, 가루를 내어 국수를 만들어 먹고 엿도 만들며 칡즙을 짜서 마시기도 하지요. 또 예전에는 덩굴의 질긴 껍데기를 벗겨 만든 실로 옷을 만들어 입기도 했어요. 이 옷을 '갈옷'이라고 하는데 너무 거칠기 때문에 지금은 만들어 입지 않아요.

칡은?

칡뿌리를 한약재로도 써요.

분류 | 콩과
자라는 모양 | 갈잎덩굴나무
길이 | 10m 이상
꽃 피는 시기 | 7~8월
열매가 익는 시기 | 10~11월
자라는 곳 | 산
쓰임새 | 뿌리는 칡즙을 짜서 마시고 줄기는 밧줄로 쓰며 줄기껍질로는 옷을 만듦.

식물의 한살이 산과 들에서 자라는 나무
족제비싸리

족제비싸리는 개울가나 숲 가장자리에서 자라요. 줄기는 여러 대가 모여나며 가지가 많이 갈라지고 어른 키 정도 높이로 자라지요.

12월 7일
가지에 달걀 모양의 겨울눈을 붙이고 겨울을 나요.

4월 16일
봄이 오면 겨울눈을 뚫고 새순이 나와요.

꽃봉오리
잎

5월 5일
새순이 자라면서 잎과 꽃봉오리가 드러나요.

5월 21일
꽃봉오리는 길게 자라고 깃꼴겹잎도 펼쳐지기 시작해요.

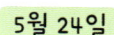

5월 24일
가지 끝에 달리는 꽃송이에 꽃이 피기 시작했어요.

기다란 꽃송이에 촘촘히 돌려 가며 달리는 진한 자주색 꽃은 향기가 강해요.

5월 25일
자주색 꽃잎은 원통 모양이며 암술과 수술이 밖으로 나와요.

6월 8일
꽃송이 모양대로 어린 열매가 다닥다닥 열렸어요.

7월 11일
여름에 돋는 새잎은 붉은빛이 돌기도 해요.

7월 11일
열매송이에서 어린 열매가 자라고 있어요.

9월 19일
가을이 되면 열매가 누런색으로 변하며 익기 시작해요.

10월 21일
잎은 노란색으로 단풍이 들어요.

족제비싸리 열매와 씨앗 관찰
11월 7일

갈색으로 익은 열매를 그대로 달고 겨울을 나요.

곰보 모양의 열매는 위쪽 끝이 뾰족해요.

긴 타원 모양의 열매는 약간 굽고 겉면에 작은 돌기가 많아요.

열매 속에 1개씩 들어 있는 씨앗은 긴 타원 모양이며 광택이 나요.

살펴보아요!

족제비 냄새가 나는 싸리 족제비싸리

족제비는 적에게 공격을 받으면 악취를 풍기고 도망을 가요. 족제비싸리는 꽃송이의 모양이 족제비의 꼬리와 비슷하고 강한 향기가 나며 줄기를 자르면 역겨운 냄새가 나지요. 또 나무 모양이 싸리와 비슷하기 때문에 '족제비싸리'라는 이름을 얻었어요. 족제비싸리는 고향이 미국인 나무로 어디서나 잘 자라기 때문에 헐벗은 땅을 복구하기 위해 심었는데 특히 철길이나 개울둑에 많이 심었어요. 꽃에는 꿀이 많아서 벌이 많이 모여들지요.

족제비싸리는?

분류 | 콩과
자라는 모양 | 갈잎떨기나무
높이 | 2~5m
꽃 피는 시기 | 5~6월
열매가 익는 시기 | 9월
자라는 곳 | 개울가나 숲 가장자리
쓰임새 | 헐벗은 땅에 심어서 흙이 씻겨 내려가는 것을 막음. 줄기로 광주리와 같은 생활 도구를 만듦.

꽃송이 모양이 족제비 꼬리를 닮았어요.

식물의 한살이 산과 들에서 자라는 나무

사람주나무

사람주나무는 산에서 자라요. 곧게 자라는 줄기는
가지가 많이 갈라지고 아파트 2층 정도 높이로 자라요.

12월 22일
가지에 세모진
겨울눈을 달고
겨울을 나요.
잎이 떨어진
잎자국은 동물
얼굴 모양이에요.

4월 25일
봄에 돋는 새잎은
붉은색으로 아름다워요.

벌레집

4월 25일
새순이 돋을 때 벌레가
알을 낳아서 벌레집이
만들어지기도 해요.

사람주나무 꽃 관찰

5월 30일
벌레집이 달린 잎은
잘 자라지 못해요.

6월 16일

초여름이 되면 가지 끝에서 기다란
꽃송이가 나와요. 다 자란 잎은
타원 모양이며 끝이 뾰족해요.

8월 15일
연녹색 열매는
긴 자루에 매달려
밑으로 늘어져요.

암꽃과 수꽃 모두
꽃잎이 없이 암술과
수술만 있어요.

암수한그루로 기다란
꽃송이에는 연노란색
수꽃이 촘촘히 달리고 밑에는
몇 개의 암꽃이 달려요.

암술머리

암꽃은 자루가 길며
꽃잎이 없고
암술머리는 3개로
갈라져 뒤로 젖혀져요.

씨앗

열매를 잘라 보면 속에서
둥근 씨앗이 만들어지는
것을 볼 수 있어요.

10월 7일
동글납작한 열매는 3개의 골이 지며 끝에 암술머리가 남아 있어요.

암술머리

10월 15일
열매는 가을에 점차 갈색으로 익어요.

10월 25일
잘 익은 열매는 껍질이 터지는 힘으로 씨앗이 튀어 나가요.

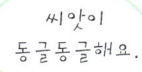

씨앗이 동글동글해요.

10월 25일
둥근 씨앗은 흑갈색이에요.

11월 5일
잎은 가을에 붉은색으로 단풍이 들어요.

사람주나무 껍질 관찰
회색빛이 도는 나무껍질은 매끈해요.

살펴보아요!

매끈한 피부 미인 사람주나무

사람주나무는 주로 남부 지방에서 자라지만 서해안을 따라서는 백령도까지 올라오고 동해안을 따라서는 설악산까지 올라오기 때문에 중부 지방의 산에서도 드물게 만날 수 있어요. 회색빛이 도는 줄기는 매끈하며 진한 색 무늬가 있어서 고급스러운 느낌을 주지요. 가을에 붉게 물드는 단풍잎도 아름다워서 정원수로 심기도 해요. 3개의 골이 지는 열매는 가을에 익으면 열매껍질이 팽창하면서 터지는 힘으로 씨앗을 날려 보내요.

사람주나무는?

나무가 매끈해서 품위 있어 보여요!

- **분류** | 대극과
- **자라는 모양** | 갈잎작은키나무
- **높이** | 4~6m
- **꽃 피는 시기** | 6월
- **열매가 익는 시기** | 10월
- **자라는 곳** | 산
- **쓰임새** | 씨앗으로 기름을 짜서 먹거나 머릿기름으로 씀. 정원수로 심기도 함.

식물의 한살이 산과 들에서 자라는 나무

진달래

진달래는 산에서 자라요. 줄기는 가지가 많이 갈라지고 어른 키보다 약간 높게 자라요.

12월 12일
가지에 달걀 모양의 겨울눈을 달고 겨울을 나요.

3월 21일
이른 봄이면 겨울눈을 뚫고 붉은색 꽃봉오리가 나와요.

3월 22일
꽃봉오리 속에는 기다란 암술과 수술이 들어 있어요.

진달래 꽃 관찰

3월 23일
꽃봉오리가 부풀면 꽃잎이 벌어지면서 암술과 수술이 보이기 시작해요.

3월 24일
잎이 돋기 전에 먼저 피는 꽃은 가지 끝에 보통 2~5개씩 모여 달려요.

흰진달래
드물게 흰색 꽃이 피는 '흰진달래'도 볼 수 있어요.

3월 25일
깔때기 모양의 꽃은 끝부분이 5갈래로 갈라지며 활짝 벌어져요.

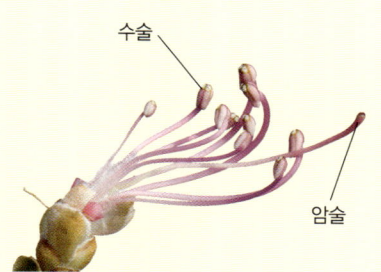

수술
암술

4월 6일
꽃 속에는 1개의 기다란 암술과 10개의 수술이 들어 있어요.

4월 7일
꽃이 활짝 필 때쯤이면 다른 가지에서는 잎눈이 크게 자라기 시작해요.

8월 12일
여름이면 열매는 점차 연노란색으로 변하기 시작해요.

원통 모양의 열매는 손가락 한 마디 정도 길이이며 겉면이 우툴두툴해요.

10월 6일
잎은 가을에 붉은색으로 단풍이 든 후에 낙엽이 져요.

11월 3일
가을에 갈색으로 익은 열매는 갈라져 벌어지기 시작해요.

11월 11일
열매는 윗부분이 보통 5갈래로 깊게 갈라져 벌어져요.

11월 15일
길쭉한 갈색 씨앗은 깨알처럼 아주 작아요.

살펴보아요!

봄이면 산을 붉게 물들이는 진달래

봄이 오면 산자락은 붉은 진달래 꽃밭으로 변하지요. 예전에 아이들은 산에 올라 진달래꽃을 따서 먹었어요. 진달래꽃은 약간 시큼한 맛이 나는데 비타민C 성분이 들어 있기 때문이에요. 어른들은 찹쌀가루로 만든 반죽 위에 진달래꽃을 얹어서 전을 부쳐 먹었는데 '화전'이라고 해요. 이처럼 진달래꽃은 먹을 수 있는 꽃이라서 '참꽃'이라고도 불렀고, 진달래와 비슷하지만 독이 있어서 먹지 못하는 철쭉은 '개꽃'이라고 불렀어요.

진달래는?

진달래꽃은 먹을 수 있어요.

분류 | 진달래과
자라는 모양 | 갈잎떨기나무
높이 | 2~3m
꽃 피는 시기 | 4~5월
열매가 익는 시기 | 9~10월
자라는 곳 | 산
쓰임새 | 꽃을 날로 먹거나 찹쌀가루를 묻혀 전을 부쳐 먹음. 꽃이 아름다워 정원수로도 심음.

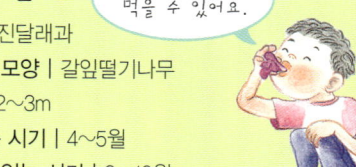

진달래와 비슷한 나무

산에 가면 진달래와 비슷하게 생긴 철쭉과 산철쭉이 함께 자라고 있어서 구분이 어려워요. 아래 나무를 비교해 보면서 차이점을 알아보아요.

진달래

진달래는 낮은 산에서부터 높은 산까지 흔하게 자라요. 보통 햇빛이 잘 드는 숲 가장자리에서 잘 자라지요. 보통 어른 키보다 약간 높게 자라요.

잎이 돋기 전에 분홍색 꽃이 가지 끝에 1~5개가 모여 피어요.

긴 타원 모양의 잎은 뒷면이 점 모양의 비늘 조각으로 덮여 있어요.

원통형 열매는 겉면이 우툴두툴해요.

철쭉

철쭉은 낮은 산에서도 자라지만 높은 산으로 올라갈수록 더 흔하게 볼 수 있어요. 보통 어른 키 정도 높이로 자라지만 큰 나무는 아파트 2층 정도 높이까지 자라기도 해요.

잎이 돋을 때 연분홍색 꽃이 3~7개씩 모여 피어요.

달걀 모양의 잎은 보통 가지 끝에 5장씩 모여 달려요.

달걀 모양의 열매는 겉면이 끈적거리는 털로 덮여 있어요.

산철쭉

산철쭉은 산골짜기의 개울가나 산의 능선을 따라 잘 자라요. 보통 어른 키 정도 높이로 자라요.

잎이 돋을 때 홍자색 꽃이 2~3개씩 모여 피어요.

긴 타원 모양의 잎은 양면에 털이 있어요.

달걀 모양의 열매는 겉면이 긴 털로 덮여 있어요.

식물의 한살이 산과 들에서 자라는 나무

쪽동백나무

쪽동백나무는 산에서 자라며 공원수로도 심어요.
줄기는 가지가 갈라져서 퍼지고 아파트 4층 정도 높이로 자라요.

12월 7일
가지에 털로 덮인 겨울눈을 달고 겨울을 나요.

4월 28일
봄이 오면 겨울눈을 뚫고 어린잎과 꽃봉오리가 함께 자라요.

5월 3일
잎은 넓은 타원 모양으로 크게 자라고 연녹색 꽃봉오리도 점차 길게 자라요.

5월 15일
꽃봉오리가 흰색으로 부풀어 오르면서 밑으로 처져요.

5월 18일
활짝 핀 흰색 꽃은 고개를 숙이고 있어요.

5월 18일
기다란 꽃송이에 2줄로 달리는 꽃은 밑에서부터 피어 올라가요.

흰색 꽃은 별 모양이에요.

흰색 꽃은 5갈래로 깊게 갈라지고 가운데에 암술과 노란색 수술이 모여 있어요.

5월 26일
새로 자란 가지 끝에서는 연녹색 새잎이 계속 나오면서 자라요.

6월 1일
짧은 가지 끝에는 보통 잎이 3장씩 달리는데 끝의 잎이 훨씬 커요.

6월 18일
꽃이 진 자리에 꽃송이 모양대로 어린 열매가 열렸어요.

어린 씨앗

어린 열매는 털로 덮여 있고 속에는 1개의 씨앗이 만들어지고 있어요.

쪽동백나무 열매와 씨앗 관찰

7월 31일
열매가 자라면서 열매송이는 밑으로 늘어져요.

8월 16일
둥근 열매는 밑에 꽃받침이 남아 있어요.

9월 30일
잘 익은 열매는 껍질이 갈라지면서 타원 모양의 씨앗이 드러나요.

10월 16일
잎은 가을에 노란색으로 단풍이 들어요.

살펴보아요!

하얀 꽃구슬을 꿰어 놓은 쪽동백나무

쪽동백나무는 산에서 흔하게 자라요. 쪽동백나무 열매는 동백나무 열매보다 작지만 세로로 갈라져서 씨앗이 나오는 것이 동백나무와 비슷해요. 게다가 동백기름과 함께 부인들이 머릿기름으로 쓰기 때문에 '쪽동백나무'라고 하지요. '쪽'은 쪽문이나 쪽박처럼 크기가 작다는 뜻이에요. 쪽동백나무는 열매나 씨앗의 크기가 작아 이름이 '작은 동백나무'란 뜻을 지녔어요. 봄이면 긴 꽃송이에 달린 구슬 모양의 꽃봉오리가 벌어지면서 흰색 꽃이 피어요.

쪽동백나무는?

분류 | 때죽나무과
자라는 모양 | 갈잎작은키나무~큰키나무
높이 | 6~15m
꽃 피는 시기 | 5~6월
열매가 익는 시기 | 9월
자라는 곳 | 산
쓰임새 | 씨앗으로 기름을 짜서 머릿기름으로 씀. 꽃이 아름다워 정원수로도 심음.

흰색 꽃이 앙증맞아요.

식물의 한살이 산과 들에서 자라는 나무

병꽃나무

병꽃나무는 산에서 자라요. 모여나는 줄기는 가지가 많이 갈라져서 비스듬히 퍼지고 어른 키보다 약간 높게 자라지요.

2월 21일
가지에 둥근 달걀 모양의 겨울눈을 달고 겨울을 나요.

4월 10일
봄이 오면 겨울눈을 뚫고 새순이 나와요.

묵은 열매

4월 15일
새순이 벌어지면서 잎이 모양을 갖춰 가요. 한쪽에는 묵은 열매가 남아 있기도 해요.

4월 28일
가지 끝에 야구방망이 모양의 꽃봉오리가 자랐어요.

5월 3일
가지마다 긴 깔때기 모양의 연노란색 꽃이 모여 피었어요.

꽃은 깔때기 모양의 병을 닮았어요.

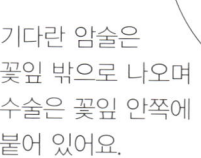

기다란 암술은 꽃잎 밖으로 나오며 수술은 꽃잎 안쪽에 붙어 있어요.

5월 5일
연노란색 꽃은 점차 붉은빛이 돌기 시작해요.

5월 8일
꽃 안쪽은 시간이 지날수록 더욱 붉게 변해요.

붉은병꽃나무
산에서는 처음부터 붉은색 꽃이 피는 나무도 볼 수 있는데 '붉은병꽃나무'라고 해요.

5월 26일
2장씩 마주나는 거꾸로달걀 모양의 잎은 끝이 길게 뾰족해요.

7월 3일
꽃이 진 자리에 기다란 열매가 열렸어요.

8월 28일
기다란 원통 모양의 열매는 끝부분이 좁아지는 모양이 병과 비슷해요.

병꽃나무 열매와 씨앗 관찰

9월 27일

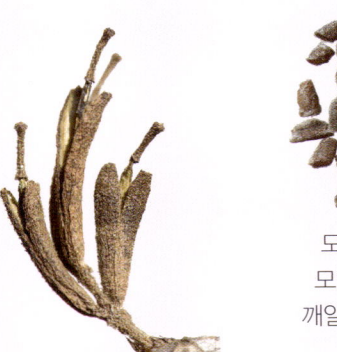

열매는 갈색으로 익으면 세로로 쪼개지면서 씨앗이 나와요.

모가 진 타원 모양의 씨앗은 깨알처럼 작아요.

10월 18일
잎은 가을에 노란색으로 단풍이 들어요.

2월 21일
낙엽이 진 나무는 열매껍질을 매단 채 겨울을 나요.

살펴보아요!

병 모양의 열매를 맺는 **병꽃나무**

병꽃나무는 5월이면 가지에 긴 깔때기 모양의 꽃이 모여 피어요. 갓 피어난 꽃은 연노란색이지만 시간이 지나면서 점차 붉은빛이 진해지는 카멜레온 같은 꽃이에요. 병꽃나무 꽃을 거꾸로 세워 놓은 모양이 병 모양을 닮아서 '병꽃나무'라고 한다는 이야기도 있고 열매 모양이 병 모양과 비슷해서 이름 지어졌다고도 해요. 둘 다 일리가 있는 이야기지만 실제 비교해 보면 열매의 생김새가 병 모양과 더 비슷한 것 같아요.

병꽃나무는?

꽃과 열매가 병 모양을 닮았어요.

분류 | 인동과
자라는 모양 | 갈잎떨기나무
높이 | 2~3m
꽃 피는 시기 | 5~6월
열매가 익는 시기 | 9~10월
자라는 곳 | 산
쓰임새 | 꽃이 아름다워 정원수로 심는데 특히 생울타리를 많이 만듦. 꽃 말린 것은 간을 보호하는 약재로 씀.

식물의 한살이 산과 들에서 자라는 나무

청미래덩굴

청미래덩굴은 산과 들에서 자라요. 덩굴지는 줄기는 덩굴손으로 다른 물체를 감으면서 나지막하게 벋어 나가요.

12월 8일
긴 세모꼴의 겨울눈은 잎자루에 싸여서 겨울을 나요.

3월 25일
이른 봄이면 겨울눈을 뚫고 어린잎과 꽃봉오리가 뭉쳐 나와요.

4월 8일
꽃봉오리를 달고 있는 자루는 점차 길게 자라요.

청미래덩굴 잎 관찰

꽃잎 3장은 크고 3장은 작아요.

수꽃은 꽃잎과 수술이 각각 6개씩이에요.

4월 22일
암수딴그루로 수그루에서는 잎이 모양을 갖출 때쯤 연노란색 수꽃이 피기 시작해요.

5월 5일

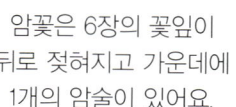

덩굴손

새로 자라는 잎의 밑부분에는 1쌍의 가느다란 덩굴손이 자라요.

4월 24일
암그루도 잎이 모양을 갖출 때쯤 연노란색 암꽃이 피었어요.

암꽃은 6장의 꽃잎이 뒤로 젖혀지고 가운데에 1개의 암술이 있어요.

동그스름한 잎은 두껍고 광택이 있어요.

5월 5일
암그루에서는 꽃이 진 자리에 작고 동그란 열매가 열렸어요.

5월 15일
어린 열매는 연녹색에서 연노란색으로 변하면서 커져요.

7월 31일
열매는 콩알보다 조금 크며 속에는 씨앗이 만들어지고 있어요.

10월 13일
열매는 '망개'라고 하며 먹을 수 있는데 가을에 붉은색으로 익고 열매살은 조금밖에 없어요.

11월 4일
한 열매에 5개 정도의 적갈색 씨앗이 들어 있어요.

새들이 열매 속살을 파먹었어요.

2월 21일
낙엽이 진 가지에 매달린 묵은 열매는 겨우내 새들의 먹이가 돼요.

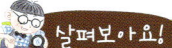 살펴보아요!

빨간 망개 열매가 고운 청미래덩굴

청미래덩굴은 덩굴손으로 다른 물체를 감고 자라는 덩굴나무예요. 줄기는 마디마다 굽고 날카로운 가시가 있어요. 청미래덩굴은 지방에 따라서는 '명감나무' 또는 '망개나무'라고 불러요. 시골 아이들은 가을에 붉은색으로 익는 동그란 열매를 '명감', '맹감', '망개'라고 부르며 따 먹지만 열매살이 적고 푸석푸석해서 별 맛이 없기 때문에 많이 먹지는 못하지요. 요즘은 열매가 달린 가지를 잘라서 꽃꽂이 재료로 써요.

청미래덩굴은?

빨간 열매를 맺는 덩굴나무!

분류 | 청미래덩굴과
자라는 모양 | 갈잎덩굴나무
길이 | 2~5m
꽃 피는 시기 | 4~5월
열매가 익는 시기 | 9~10월
자라는 곳 | 산과 들
쓰임새 | 뿌리에 달리는 혹 모양의 덩어리를 먹기도 하고 설사를 멈추는 약재로도 씀. 둥근 잎은 떡을 찌는 데 이용함.

찾아보기

ㄱ
가시칠엽수 47
갈참나무 92
감나무 7, 76
개나리 5, 54
개암나무 88
갯버들 6, 86
검은구상 12
계수나무 20
곰솔 85
구상나무 12
구주소나무 85
국수나무 4
굴참나무 92
귤 69

ㄴ
느릅나무 94
느티나무 18

ㄷ
단풍나무 4, 5, 44
동백나무 4, 48
들메나무 4
등칡 96
딸기 105
떡갈나무 93

ㄹ
리기다소나무 85

ㅁ
만첩홍도 64
만첩흰매실 62
매실나무 62
모란 22
미선나무 56

ㅂ
박태기나무 36
밤나무 58
방크스소나무 85
배롱나무 50
백목련 26
백송 85
뱀딸기 105
병꽃나무 124
복숭아나무 64
분홍미선 56
붉은구상 12
붉은꽃삼지닥나무 70
붉은병꽃나무 124
뽕나무 61

ㅅ
사람주나무 116
사철나무 42
산딸기 5, 104
산딸나무 52
산뽕나무 60
산수유 74
산철쭉 121
삼지닥나무 70
상수리나무 92
생강나무 7, 102
석류나무 72
소나무 4, 7, 82
스트로브잣나무 85
신갈나무 4, 90, 93
싸리 110

ㅇ
아까시나무 66
양버즘나무 7, 30
오동나무 78
왕벚나무 5, 34
으름덩굴 98
은행나무 6, 8
일본잎갈나무 80
일엽소나무 85

ㅈ
자작나무 6, 16
잣나무 85
족제비싸리 114
졸참나무 93
죽단화 32
진달래 118, 121
쪽동백나무 7, 122
찔레꽃 106

ㅊ
참오동 7
철쭉 6, 121
청미래덩굴 126
측백나무 4, 14
칠엽수 5, 46
칡 4, 112

ㅌ
탱자나무 5, 6, 68
튤립나무 24

ㅍ
팥꽃나무 4
푸른구상 12

ㅎ
함박꽃나무 100
해당화 5, 108
향나무 15
협죽도 6
호랑가시나무 40
홍단풍 44
홍매실 62
황매화 32
회양목 6, 38
흰진달래 118
흰해당화 108
히어리 28